Vom inneren Leben · Worte der Ewigen Liebe

Vom inneren Leben
Worte der Ewigen Liebe

Durch die Stimme des Geistes empfangen
von Johannes Fischedick

Lorber-Verlag, 7120 Bietigheim

3. Auflage 1990
ISBN 3-87495-161-8

So sprach in mir die Ewige Liebe:

Welches vom Tode ist, das führt auch zum Tode; welches aber vom Leben ist, das führt zum Leben.

*

Wirke nun durch meine Hülle,
ewig heller Hort!
Rede nun durch meine Stille,
ewig wahres Wort!
Wirke nun, Du wahres Leben!
Sieh, ich bin Dir ganz ergeben,
komm und nimm Besitz von mir,
sieh, mein alles weih ich Dir!

Vom Ewigen Wort

Am Anfang war das Wort, und das Wort war bei Gott, und Gott war das Wort.

Gott war das Wort, also war das Wort auch Gott. Das Wort war also in Gott und Gott im Wort.

Gott aber ist gut, das heißt, Er ist vollkommen durch und durch, und alles, was aus Ihm hervorgeht, ist ebenso gut und vollkommen.

Nichts aber ist gut und schafft Gutes als allein die Liebe. Denn saget selbst, wenn ihr etwas schaffet und wirket, ohne dafür eine Liebe in euch zu haben – ob es euch wohl lange gefällt? Es wird euch bald euer Werk verdrießen und euch widerlich sein. Wie kommt das nun? Es kommt dieses allein daher, weil eure Liebe nicht recht dabei war und eurem Werke nicht eure Eigenheit einhauchte und es so gewissermaßen zu einem eigenen Leben erweckte, welches mit eurem Wesen eins ist und euch darum auch gefallen muß. Seht, weil diese Liebe nicht in euch war beim Wirken, darum mißfällt euch euer Werk. Denn da wart ihr, das heißt euer innerer Mensch, gar nicht dabei, und nur das Tote wirkte bei eurem Tun mechanisch.

Je mehr Liebe aber einer zu seinem Werke hat und beim Bauen desselben gewissermaßen mit hineinströmt, um so länger und inniger wird er an seinem Werk hängen und es nicht leichtlich aus den Händen lassen, er sei denn ein Künstler oder ein Weiser, dem es aus der Fülle gegeben wird von oben und der so ganz eigentlich ein ausstrahlender Sammelpunkt des ewigen Lichtes, der ewigen Liebe ist, ein Gefäß, durch welches der Himmel seinen Wein auf die Erde gießt zur Labung der dürstenden Seelen.

Seht nun, Meine Lieben, wie selbst schon bei euch Erdenwürmern die Liebe zum Werke das Wichtigste ist! Um wieviel mehr gilt dies bei Gott, dessen kleinste und geringste Werke noch den gleichen Stempel der Hoheit und Herrlichkeit tragen wie die großen und leuchtenden.

Betrachtet eine Blume und eine Sonne und fraget euch mit Wundern, in welcher Form Gott herrlicher wirkt. – Ja, Ich sage euch, Gott wirkt im letzten Wurme mit gleicher Größe und Vollkommenheit wie in Sonnen und Weltenallen, und kein Staubkorn entgeht Seiner sorgenden Hand. Wo nun aber soviel Vollkommenheit zu Hause ist, da muß ja auch ebensoviel Liebe zu Hause sein. Ja, wo alles vollkommen ist bis in die letzten Atome, da muß der Wirker und Schöpfer des Ganzen ganz und gar Liebe, also die Liebe Selbst sein!

So war denn im Grunde die Liebe, und die Liebe war bei Gott, und Gott war die Liebe.

Gott ist Liebe

Wer da die Liebe im Herzen trägt, der trägt Gott im Herzen. Und wer in der Liebe ist, der ruht in Gott, und Gott ist in ihm.

Kommt denn, ihr Kinder Meiner Liebe, und nehmt hin das Brot, das Ich euch breche, und den Wein, den Ich euch einschenken will! Denn seht, es ist Mein

Fleisch und Mein Blut – es ist Meine Liebe! – Sehet überall in aller Welt Mein Fleisch und Mein Blut! Denn überall ist Meine Liebe.

Und kommet, auf daß ihr lebet in Mir! Denn wer in der Liebe ist, der ist auch im Leben. Und wer ohne Liebe ist, der ist im Tode.

Vom Tode

Der Tod ist in der Finsternis, und die Finsternis ist in der Lieblosigkeit, und die Lieblosigkeit ist in der Hölle.

Darum – wer in der Hölle ist, der ist im Tode und in der Finsternis und ist ohne Liebe. Und wer ohne Liebe ist, der ist im Tode und in der Finsternis und ist in der Hölle.

Fasse es, wer es fassen kann! Nicht der Verstand macht euch hell, sondern nur die Liebe kann euren finsteren Verstand durchleuchten. Das Wissen aber ohne die Liebe tötet. Wer dagegen voller Liebe ist, der ist weise.

Sehet an den Verstand der Welt, er baut Maschinen und Apparate. Diese sind tot und gebären weiterhin den Tod. Denn wie kann aus dem liebeleeren Verstand Leben kommen? – Sehet dagegen Meine Liebe! Sehet an Meine großen Weltenmaschinen und sehet an Meine winzigsten Werke, wie alles voller Leben ist und immerzu neues Leben hervorbringt! Denn da Ich ja voller Liebe, also voller Leben bin, so kann aus Mir ja auch ewighin kein Tod entstehen.

Und sehet Meine Liebe in euch selbst! Schauet ihr nur recht liebend einander an, so werdet ihr bald merken, wie euch das Leben aus den Augen sprüht. Und eure Taten, in Liebe vollbracht, schwingen und leben in euch und verbreiten auch um euch das Leben. Und die da schon das Leben haben, freuen sich darüber und entzünden sich immer mehr an eurer Liebe.

Die aber im Tode sind, an denen ist noch nicht viel gelegen – bis auch sie der Sturm und das Feuer einmal wachrütteln wird, und auch dann wird es noch lange mit ihnen dauern. Denn wer so recht im Tode ist, dem ist mit dem Leben schwer beizukommen. Dieses seht ihr beim Satan, der in sich den Tod voll und ganz verkörpert und aus dem der Tod auch zu euch in die Welt kommt.

Vom Leuchten der Liebe

Wer in Mir ist, der ist im Leben und kein Tod kann ihm etwas anhaben. Denn wo Mein Licht der Liebe leuchtet, da wird alle Finsternis bald zerstrahlt sein. Und wo keine Finsternis mehr ist, da ist auch kein Tod mehr. Wer aber Mein Licht in sich trägt, der kann durch die Nacht gehen und es wird hell in ihm sein. Und der kann durch den Tod gehen und er wird voller Leben sein. Und der kann in der Hölle wandeln und er wird den Himmel in sich tragen.

Denn sehet, wer da liebt, der hat alles – denn er hat die Liebe. D i e L i e b e a b e r i s t a l l e s i n a l l e m.

Und wer die Liebe durch die Welt trägt, der trägt Mich durch die Welt. Und wer Mich hoch hält und Meine Flamme recht schürt, dem werde Ich immer eine helle Leuchte sein. Und wer so allezeit mit Mir geht, der wird nie in der Nacht wandeln. Darum haltet Mich hoch und heilig, ihr Kinder Meiner Liebe, so werde Ich bei und in euch sein durch Zeit und Ewigkeiten. Amen.

Vom inneren Leben

Ich komme wie ein Dieb in der Nacht. In der Nacht komme Ich, weil in euch die Nacht der Welt herrscht. Und wie ein Dieb komme Ich auf leisen Sohlen, weil euch Mein Erscheinen in Licht und Glanz erst recht töten würde.

Darum also komme Ich leise zu euch hereingeweht, ohne daß ihr es recht merket. Aber bin Ich erst einmal drinnen, da nehme Ich immer mehr eure Herzen in Beschlag, bis Ich sie ganz und gar besitze – und endlich Meinen Thron darin aufschlagen kann. Und dann erst könnt ihr Mich in Meiner Herrlichkeit schauen, ohne daß es euch etwas schadet.

Ich bin wie ein Funke, der in euch verborgen ruht. Hin und wieder sende Ich Meine Engel, und sie blasen ihn an, um ihn zu entzünden. Und hat er sich entzündet, da wird es in euch alsbald lichter und heller. Und seid ihr dann selbst erst recht wach geworden und helft mit beim Schüren der Flamme durch die tätige Liebe – ei, dann wird diese Liebesflamme in euch bald immer heller und herrlicher leuchten und alles verbrennen und zum Leben erwecken, was da noch vom Tode in euch ist.

Und seid ihr so einmal ganz und gar zum Leben gekommen und blüht euch die Flamme der Liebe immer reiner und klarer im Herzen, dann wird sie auch bald um sich greifen und auch in den anderen Herzen das Leben entzünden. Und so wird es immer heller in und um euch werden.

Und in diesem Lichte wird euch ein gar köstlicher Himmel voller Freude und Farbe, voller Klingen und Duft erblühen. Und in diesem Himmel werde Ich alles in allem sein, Ich, die Ewige Liebe!

Und bin Ich einmal so in euch eingekehrt und ihr achtet Meiner gut und heiliget Mich, dann werdet ihr aus Mir immer mehr des Lichtes und des Blühens empfangen. Und das wird sich nach bestandener Erdenprüfung fort und fort entwickeln zu immer größerer und reinerer Herrlichkeit. Und so unendlich Meine Liebe ist, so unendlich wird auch das Wachsen und Werden Meiner Kinder sein. Und es wird ihre Seligkeit sich steigern in unergründbare Höhen, und nie wird ein Mensch die Herrlichkeit auch nur des untersten Himmels je ahnen können.

Sehet dieses größte aller Wunder! Aus einem allerwinzigsten Fünkchen, so klein, daß es ein Menschenverstand nie begreifen kann, entwickelt sich Herrlichkeit um Herrlichkeit und Fülle über Fülle, so daß Sonnen und Welten, ja ganze Hülsengloben und Weltenalle nichts sind gegen all die Herrlichkeit, die sich aus diesem Fünklein Liebe, das aus Mir ist, in euch entwikkeln kann!

Vom Nehmen und Geben

Wer Mich aufnimmt, der hat einen reichen Gast – und der habe acht darauf, daß sein Haus sauber bleibe und nicht andere lärmende Gäste von der Gasse ins Haus gelaufen kommen! Denn da werde Ich alsbald das Weite suchen und ihn mit seiner lärmenden Gesellschaft allein lassen.

Wer aber Mich aufnimmt, der braucht um eine Tischgesellschaft keine Sorge zu tragen, denn Ich komme nie allein. Oder ist da ein König oder ein Fürst, der da nicht stets einen großen Hofstaat um sich hat? Ich aber bin mehr als irgendein König, und keiner eurer Fürsten ist wert, Mir das Wasser zu reichen. So aber einer gewillt ist, Mich aufzunehmen, so sende Ich alsbald Meine Herolde voraus, die euch auf Meine Ankunft vorbereiten. Und dann komme alsbald Ich Selbst mit Meinem großen Anhang. Und es wird eine helle Freude sein in dem Hause, da Ich die Einkehr halte.

Das Haus aber, da Ich einkehren will, ist euer Herz. Und Mein Hofstaat sind Meine Engel und seligen Geister, die euch immer wieder Gedanken der Liebe eingeben, bis ihr selbst alles Unreine aus euren Herzen verbannt und reif und rein genug seid, Mich, die Reinheit Selbst, aufzunehmen.

Habt ihr aber Mich einmal im Herzen, dann habt ihr auch alles in euch. Denn Ich bin überreich und gebe allezeit gerne, um was ihr nur bittet und was euch zum Heile gereicht. Denn sehet, das Geben ist Mir eine wahre Freude. Und um so seliger bin Ich, je mehr Ich geben kann.

Darum bittet Mich immer und immer wieder, so will Ich euch auch immer und immer wieder geben aus Meiner Liebe. Und dann nehmet die Gaben Meiner Liebe und – decket Mir den Tisch! Und ladet auch ein alle Schwestern und Brüder, groß und klein, alle die da Hunger und Durst haben nach Meiner Speise.

Und Ich will Mich väterlich mit euch allen zu Tische setzen und euch Meine Gaben segnen. Und es wird ein Jubel und eine Freude sein in dem Hause, da Ich bin.

Ja, nehmen und geben, das gehört zu Meinen Kindern! Jubelnd öffnen sie sich Meiner Liebe und jubelnd strahlen sie diese Liebe zurück zu Mir und zu allen, die den Strahl aufnehmen. Und so ist zwischen Mir und Meinen Kindern ein helles Strahlen und Widerstrahlen.

Und je mehr sich dieses frohe Liebesstrahlen nun auf eurer Erde auszubreiten beginnt, um so mehr wird die Nacht weichen müssen. Und Ich, die Ewige Liebe, euer Ewiger Vater in Jesus, werde so, verklärt und leuchtend, aus dem Grabe der Welt auferstehen und lebendig in allen sein, die Mich aufnehmen.

Höret Meine Stimme und traget Mich hell in der Nacht – Mich, Jesus. Amen.

Von der Freude in Mir

Wo Ich bin, da ist auch Freude. Denn alle reine Freude ist in Mir.

Wo ein Herz Mich aufnimmt, da wird alsbald die Seele zu erklingen anfangen. Und der Jubel wird immer weitere Kreise ziehen, und es wird ein Klingen und Singen in euch sein – alles um Mich, die Ewige Liebe in euren Herzen.

Und immer heller und immer reiner wird es ertönen.

Und immer reicher werden die Klänge sein. Und so wird in euch durch Meinen Lichtschein die Freude erglühen. Und alles in euch kreiset dann um Mich und blühet Mir und singet Mir. Und so ist dann eine jede Seele, die so in Mir lebt, ein wahres Abbild Meines Wesens mit allen Seinen Ausstrahlungen. Denn wie Meine ganze Schöpfung und alle Meine Werke Mir ein einziger, herrlicher Lobgesang sind und alles in Meinen Strahlen lebt und klingt, so ist es dann auch bei einer jeden Seele, wo Ich in das Herz einkehre.

O sehet und begreifet es und fangt an zu verstehen, warum Ich, der gewaltige Gott, soviel Sanftmut und Geduld und soviel Güte an die Kinder der Erde verschwende und aus lauter Liebe Selbst ihnen den Weg des Fleisches vorlebte und am Kreuz auf Golgatha siegreich das Fleisch und den ewigen Tod überwand!

Mit allen Meinen Kindern gehe Ich den Kreuzweg durchs Leben. Und Meine Kinder tragen ihr Kreuz froh und leicht, denn sie tragen ja zugleich den Sieg, nämlich Mich, in ihren Herzen, und da werden die schwersten Balken leicht.

So sind denn die Kinder Meiner Liebe allezeit frohen und leichten Gemütes! Und je ärmer sie auch äußerlich meistens sind, um so reicher ist ihr Inneres.

Und so entwickelt sich in Meinen Kindern immer reicher und klingender das Himmelreich. Und wenn sie einst auferstehen aus dem Grabe des Fleisches, dann werden sie ihre Sphäre in und um sich tragen voller Blühen, Freude und Duft – und Mich mitten darinnen. Und Ich habe eine große Freude an Meinen Kindern. Denn Ich erkenne in allen nur Mich Selbst, Mein eigenstes Wesen wieder, welches Mir aber in aller Freiheit gegenübersteht, nicht als ein totes Geschöpf, sondern als ein vollkommen lebendiges Kind, welches Mir Meine Liebe frei und froh zurückbringt.

Von der Stille in Mir

Siehe, die Schlange hat sich erhoben und der Drache der Finsternis speit sein Gift in die Welt! Und was er sät, ist Nacht, und was er erntet, ist Tod. – Darum wachet im Lichte, ihr Kinder, damit euch nicht die Nacht überfalle und der Tod in euch kehre!

Seht, wir fahren auf sturmbewegtem Meere und wild schlagen die Wogen um euer Lebensschifflein! Selig aber die Kinder, die Mich in ihr Schifflein aufgenommen haben! Da wird auch der wildeste Sturm nicht schaden können. Denn vor Meiner Stille legen sich alsbald die Wogen, und Friede wird da sein, wo Ich bin.

Ja, Friede und Ruhe ist in Mir, Harmonie und Geschlossenheit! Und Friede kehrt ein in die Seelen, die Mich aufnehmen!

Wohl tobt noch oft der Sturm von außen her, und oft scheint es, als ob Ich schliefe. Dann packt leicht auch solche Seelen die Angst und sie schreien: Herr hilf! – Aber Ich schlafe ja nie, sondern bin allezeit ganz wach in Meinen Kindern. Nur stelle Ich Mich oft so, um ihr Vertrauen zu erproben. Und wird es zu schlimm mit dem Sturm, dann greife Ich alsbald ein. Und immer größer wird dann diese Stille, dieses Gestilltsein Meiner Kinder in Mir.

Aber nicht tot und träge ist diese Ruhe, sondern

höchst lebendig, ja das Leben selbst! Es ist eine vollauf wirksame und still strahlende Ruhe, wie sie zum Beispiel die Sonne verkörpert. Dabei bin Ich der ausstrahlende Mittelpunkt in eurer Seele. Und alles wirkt und webt um Mich in vollster Harmonie.

Meine Ruhe ist kein Schlaf, sondern das lebendigste Wirken. Aber es ist ein Ausgeglichensein, ein vollkommenstes Zusammenwirken aller Kräfte. Und dieses Ausgeglichensein ermöglicht es erst allen diesen Kräften, sich voll und ganz auszuwirken.

Diesen Ausgleich aber verschafft nur allein die Liebe! – Sie bindet und verbindet alle Kräfte. Und nichts wird von ihr zerstreut oder unbeachtet gelassen.

Sehet, liebe Kinder, in Mir, der Ewigen Liebe, lebt und kreist das ganze All, und selbst im kleinsten Stäubchen könnt ihr Mein Harmoniegesetz wiederfinden. Keine Kraft wirkt da sinnlos, alles ist gar wohl in der Ordnung und am rechten Fleck. Und sehet, wie alles recht wohl geordnet aus Mir lebt und seinen Zweck richtig erfüllt, so zeugen alle Meine Geschöpfe von der Harmonie des Schöpfers.

Sehet dagegen den Satan und wie er wirkt in der Welt! Sein Wesen ist Unordnung und Zerrissenheit und von einer lebendigen Ruhe ist nichts in ihm.

Und da er nun die herrschende Kraft in der Welt ist, so seht ihr hier sein richtiges Abbild. Alles zerreißt er immer und immer wieder. Und sinnlos ballt er Kräfte zusammen, von denen eine die andere abstößt, so daß ewighin kein Ganzes werden kann. Darum trägt Satan aber auch schon seine Niederlage in sich, weil er den Haß, die Zerrissenheit in sich trägt, aus der ewig nie etwas Geschlossenes wird.

Ich aber bin der Sieg! Denn Meine Liebe umschließt alles. Und selbst die Hölle ist davon nicht ausgenommen.

Höret wohl, ihr Kinder, und lasset Mich, den ewigen Frieden, in euer Herz ein! Dort laßt Mich thronen und haltet Mich fest mit all eurer Liebe! Dann wird Meine Ruhe eure Seele durchströmen und euch immer harmonischer gestalten, bis ihr einst selbst ganz und gar Harmonie seid und gelöst und gestillt in Mir, der Stille, ewig lebet als Meine Mir würdigen Kinder. Amen.

Vom Gebet der Kinder

Die Kinder tragen ihre Wünsche zu den Eltern, und die besorgten Eltern tun aus ihrer Liebe alles gern, was den Kindern Freude macht und ihnen zum Guten ist. Die Kinder tragen auch ihre Freude zu den Eltern, und die Eltern freuen sich mit ihnen. Und die Kinder tragen ihr Leid zu den Eltern, und die Eltern trösten sie.

Und je jünger die Kinder noch sind, um so inniger ist ihre Verbindung mit den Eltern. Und je älter sie werden, um so fremder stehen sie ihnen gegenüber.

Ebenso ist es mit Meinen Kindern, denen Ich zugleich Vater und Mutter bin. Nur geht dort das Wachsen umgekehrt. Sie werden nicht älter, sondern immer jünger und immer kindlicher. Denn Ich, das ewige Leben, bin ja nicht alt, sondern allezeit der Allerjüngste, weil der Lebendigste.

Und so werden auch Meine lebendigen Kinder niemals alt, sondern stets jünger und jünger.

Meine ältesten Kinder sind die, welche Mir am fernsten sind. Und je ferner sie Mir noch sind, um so ängstlicher kommen sie zu Mir und um so gezierter und vorsichtiger ist ihre Redensart. – Die Mir nahen und jungen Kindlein aber kommen allezeit mit allem zu Mir gelaufen und bringen Mir Freude und Leid, Liebe und Dank immer ganz kindlich entgegen! Und voller Sehnsucht warte Ich darauf und freue Mich darüber, wie Meine Kinder jünger und jünger werden. Und Jubel erfüllt Mein Herz und mit Mir Mein ganzes, weites Reich, wenn ein Kind erst einmal richtig zur Wiege zurückgefunden hat und so recht hilflos und verlangend ruft: Vater, lieber Vater!

Ja, bei Mir im Geistigen ist alles so ganz anders als bei euch im Materiellen! Was bei euch jung ist, ist bei Mir alt. Und wo bei euch der Tod beginnt, da fängt bei Mir das Leben erst recht an.

So werden auch Meine Kinder nicht schwächer, je jünger sie werden, sondern je mehr sie sich ihrer seelischen Hilflosigkeit bewußt werden, um so stärker werde Ich in ihnen und um so schützender wacht Meine Liebe über sie.

Und so rufen Meine Kinder in allen Verhältnissen, in Freud und Leid, in Gefahren und Nöten, allezeit und überall immer wieder zu Mir: »Vater, unser lieber Vater! Komm und hilf uns, komm und freue Dich mit uns! Komm, o komm zu uns!«

Und wie Ich allezeit mit all Meiner Liebe das ganze All umfasse und nichts Mir gleichgültig und zu fern ist, so umfassen auch Meine Kindlein, je jünger und ähnlicher sie Mir werden, mehr und mehr alle Seelen mit ihrer Liebe und kommen so im Geiste mit allen Seelen Hand in Hand und Arm in Arm zu Mir.

Und sehet – dies ist das Gebet Meiner Kinder. Wie Ich mit Meiner Liebe alles umfangen halte, so umfangen sie alle Seelen mit ihrer Liebe. Und indem sie so ihre Liebe mehr und mehr ausbreiten, so umfassen sie Mich, den Vater, die Ewige Liebe, auch in allen anderen Seelen und regen dadurch Meine Liebe überall zu immer stärkerem Wirken an.

So ist das Gebet Meiner Kinder eine innige Umarmung mit Mir. Ihre Kinderliebe breitet sich mehr und mehr aus und umfängt die Vaterliebe in allen Geschöpfen. Hierdurch wird diese Liebe in allen Wesen stärker angeregt. Das heißt: Meine Vaterliebe verbindet sich überall mit der Liebe des Kindes und wirkt dann kräftiger und belebender auf die Seelen ein.

Und sehet, durch ein solch inniges Umarmen der Kindesliebe mit der Vaterliebe werden langsam immer mehr Seelen der Nacht abgerungen und durch die Entzündung Meiner Liebe in ihnen erleuchtet.

Durch solch ein Gebet werden dann auch Meine Kinder reicher und stärker. Meine Liebe wächst in ihnen gewaltig heran und spannt immer weitere Kreise. Und Kraft und Ruhe durchströmt nach solchen Gebeten die Seelen Meiner Kinder.

Ja, das ist ein wahrhaft himmlisches Beten. Und so beten auch die Engel Meiner Himmel ständig zu Mir. Und je mehr sie Mich so in allem umfassen können, um so größer ist ihre Seligkeit.

Sehet hier den Weg: Wie der Satan durch seinen Haß und Egoismus alles zerrissen und zerstreut hat – so schließen Meine Kinder mit ihrer Liebe wieder alles zusammen und bringen es Mir zurück. Der Wirkende aber bin immer und überall Ich – die Liebe in Mir so wie in Meinen Kindern. Denn Meine Liebe ist es ja auch, die in Meinen Kindern wirkt. Nur ist sie da frei aus Mir herausgestellt und erhält durch die Seele ihre Eigenart, ihre eigenste Form.

Ein solches Beten aber ist auch eine vollauf lebendige Liebetätigkeit und umschließt in sich Gottes- und Nächstenliebe. Es können aber so nur die Kinder der Liebe beten, denn wie sollte der enge Verstand alles lebendig umfassen können; dieses kann nur allein die Liebe.

Alles aber, was die reine Liebe tut, ist Mir eine wahre Anbetung. Und die Kinder Meiner Liebe stehen Mir allezeit gegenüber wie die Blumen der Sonne und blühen Mir so mit offenen Herzen entgegen.

Kommt denn, ihr Kinder, die ihr die Liebe habt, und umarmt Mich recht innig und oft im Gebet! Kommet so mit allen Seelen zu Mir und helfet Mir mit Fleiß, die Herzen zu erleuchten, auf daß Licht werde in allen und überall – zu Meiner und eurer Freude!

Kinder, höret euren Vater Jesus! Amen.

Einsam mit Mir, gemeinsam mit allem

Wer da zerrissen ist, der kann weder einsam noch gemeinsam sein. Wer aber mit Mir eins ist, der ist mit allem verbunden. Denn sehet, Ich bin doch der große Einsame von Ewigkeit und bin doch zugleich der Gemeinsamste. Denn Meine Liebe umschließt alles und lebt in allem.

Wer sich mit Mir einigt und Mich in sein Herz einläßt, der ist daher auch allezeit einsam, denn er ist in Mir gesammelt und so ein Ganzes. Er ist aber auch zugleich gemeinsam, denn er umfängt mit Mir alles in Liebe.

Seht, so ist alle wahre Gemeinsamkeit durch wahre Einsamkeit bedingt und eine Gemeinschaft ohne festgefügte Einzelmenschen nicht möglich. Was aber die Welt Gemeinschaft nennt, das sind zusammengewehte Massen, die der Weltwind zusammenballt und wieder auseinanderwirbelt – Menschen, die in sich weder gemeinsam noch einsam sind, sondern wo jeder einzelne von lauter egoistischen Leidenschaften schon ganz zerstückelt und zerrissen ist.

Wer aber zu Mir kommt und seine Seele in Mir sammelt, der ist in Mir ein Ganzes und ist wie ein Gefäß, in dem Ich bin und aus dem dann Mein Licht auch hinausstrahlt in alle Welt.

Jede Seele aber, die sich in Mir geeint hat, ist ein solches Gefäß. Und ein jedes solches Seelengefäß hat seine ureigenste Eigenart, derzufolge Meine Liebe auch in jedem Gefäß anders wirkt und anders ausstrahlt. Jede Seele hat für sich ein ganz eigenartigstes Wesen und kann auch nur in dieser ihrer Eigenart lebendig und selig werden, nie aber in der Art einer anderen Seele.

Ja, liebe Kinder, ihr alle müßt eure eigene Art behalten und immer mehr finden, und diese eigenste Art müßt ihr auch bei allen euren Brüdern und Schwestern achten und verstehen lernen. Ich aber bin in euch allen der Gleiche, nur wirke Ich immer dem Wesen der Seele entsprechend.

Und sehet, so wirke Ich in jedem Meiner Kinder

ganz eigenartig*, und doch erkennt sich diese Meine Liebe in euch in jeder Form. Ja, eine Seele, die Mein Licht in sich trägt, die erkennt Mein Licht auch bald überall und in jeder anderen Seele. Und so verbinde Ich alle Meine Kinder zu einer Einheit, zu einer seligen Gemeinschaft.

Was auf der Welt und in der Hölle immer wieder zu Reibungen und abstoßenden Konflikten führt, nämlich die Verschiedenheit der Charaktere, das ist bei Meinen Kindern und in Meinen Himmeln gerade die Grundlage zu höchster Seligkeit!

O Kinder, höret es und suchet Meine Liebe zu verstehen, sehet, jede vollendete Menschenseele trägt ihr ureigenstes Wesen in sich, und es gibt in der ganzen Unendlichkeit keine zwei Seelen, die sich völlig gleich wären. Es gibt wohl mehr oder weniger verwandte Seelen, aber keine ist der andern völlig gleich. Und sehet, wenn Ich, das ewige Liebeleben, in solch eine Seele einkehre und diese sich mit Mir immer mehr vereint und so einsam und ein Ganzes in Mir wird, da werde Ich dann auch alsbald solch eine Seele beleben in jeder Fiber und werde erblühen und strahlen in den eigensten Formen, Farben und Klängen dieser Seele. Und immer weiter wird die Ausstrahlung, die Sphäre solch einer Seele, je mehr sie von Meinem Lichte in sich sammelt und je mehr sie sich selbst in Mir sammelt.

Sehet, liebe Kinder, die Herrlichkeit der Himmel! Jedes Wesen darin hat seine eigenste Sphäre, seinen eigensten Himmel in sich und Mich mitten darinnen. Und doch ist alles nur ein großer Himmel, denn Ich

* nach ihrer Eigenart; d. Hsg.

bin darin alles in allem. Meine Kinder aber erkennen Mich, die Liebe, in sich, wie in allen Schwestern und Brüdern, und sie erfreuen sich aneinander und schwingen und klingen in- und miteinander in Mir und um Mich in hellem Glück.

Und sehet, dieses Klingen ineinander, diese Freude aneinander und dieses Mich-erkennen in allem und überall – das ist Himmel, reinster Himmel, wie ihr ihn euch auf eurer Erde nicht einmal schwach vorstellen könnt!

Fasset diese Worte wohl in euren Herzen und verstehet sie im Lichte eurer Liebe. Und dann kommet und einet euch mit Mir und durch Mich mit allen Seelen zu einer wahren Gemeinschaft von Schwestern und Brüdern für alle Ewigkeit! Amen.

Der tiefste Grund

Seht, Ich, die Liebe, bin der tiefste Grund allen Lebens. Aus Mir ging und geht alles hervor und zu Mir kehrt alles zurück.

Ja bei Mir ist allezeit ein Gehen und Kommen. Immer wieder geht das Leben von Mir aus, ewig strömen Meine Liebegedanken in den unendlichen Raum hinein, wachsen und reifen dort und kehren nach vielen, vielen Kreisläufen reif und liebeschwer zu Mir zurück. Ich bin der tiefste Mittelpunkt allen Daseins, und wenn Ich nicht wäre, so wäre ewig nie etwas gewesen noch geworden.

Was aber leicht und leer ist, das kann auch nicht in die Tiefe sinken. Wo der tiefste Grund aber pur Liebe ist, da wird dann ja auch nur die reinste Liebe das rechte Gewicht sein, das euch zum Sinken bringt. Wer da ohne Liebe ist, den zieht es nicht zur Liebe, wer aber voll der reinsten Liebe ist, der sinkt auch bald zum Grunde.

Liebe Kinder, beuget euch zu Mir, eurem Urgrund, und schöpfet aus Mir die Liebe, auf daß sie euch schwer mache und ihr dann voller Liebe als Meine Kindlein Mir in die Arme sinken könnt! – Ja, wen die Demut zu Mir beugt, der kommt am ersten zu Mir, denn je tiefer sie ihn beugt, um so mehr kann er aus Mir schöpfen und um so schwerer wird er dann.

Der Hochmut und Eigendünkel aber treibt euch empor, bläht euch auf und macht euch leicht, so daß ihr damit ewig nie zum Grunde gelangt, sondern euch nur immer mehr davon entfernt!

G e h e t in e u e r H e r z u n d b e u g e t e u c h z u M i r, d e r I c h a u c h d o r t d e r t i e f s t e G r u n d i n e u c h b i n. Wer Mich im Verstande sucht, der findet Mich nimmer. Wohl wirken auch dort Meine Strahlen und bringen Licht. Aber wo der Verstand nicht zum Herzen findet, da wird das Licht ihm auch nur von ganz weit her scheinen und ihn wenig oder gar nicht erleuchten. Im Herzen aber müßt ihr Mich finden und im Herzen Mich sammeln, auf daß ihr so lichtreich und liebeschwer sinket zu Mir, der Ewigen Liebe.

Beuget euch, liebe Kinder, beuget euch zu Mir, der Ich Mich einst am tiefsten beugte und nur so den tiefsten Grund erreichte, in dem Ich nun ewig bin als euer euch liebender Vater, Freund und Bruder Jesus. Amen.

Ich hör' die Ströme Deiner Wasser rauschen

Ich hör' die Ströme Deiner Wasser rauschen
hin durch die Tiefen meiner Seligkeit,
die Seele ruht, all ihre Sinne lauschen
der Stimme Deiner ew'gen Herrlichkeit.

Ich bin so arm und doch in Deiner Fülle,
so schwach und trag die Urkraft in der Zeit,
es neiget sich mein Sinn in Deine Stille
und gibt sich hin und ist für Dich bereit.

Ich trage Dich auf allen meinen Wegen,
ich finde Dich in jedem stillen Grund,
ich fahr auf weiten Meeren Dir entgegen
und hör Dein Wort aus jedem Kindermund.

Ich muß nur immer Dir entgegengehen –
und immer führt mein Weg in Dich hinein –
und alle Winde mich zu Dir hinwehen,
durch alle Tore kehr ich zu Dir ein.

Ich gehe hin und Du bist schon am Ort,
o selig süßes Wunder der Begegnung,
ich trage Dich und Du trägst mich hinfort
in urgewalt'ger, königlicher Segnung.

O Heil, mein Heil, wer kann dies Glück erfassen!
ich senk mich tief und tiefer in Dich ein,
umfasse Dich und kann Dich nimmer lassen,
o heil'ge Liebe, heil'ges Leben mein.

Vom einfachen Sein

Einfach sollt ihr sein, liebe Kinder! Ganz einfältig sollt ihr Mir dienen!

Ihr könnt nicht mit einem Fuß in der Welt und mit dem andern Fuß im Himmel stehen. Wer Mich als den Herrn allen Lebens erkannt hat, der muß sein Herz auch alsbald ganz ungeteilt zu Mir wenden. Dann erst werde Ich Mich ihm auch als ein wahrhaft lieber und guter Vater offenbaren.

Wer Mich aber wohl erkennt, aber nicht mit der Glut seines Herzens ergreift und festhält, sondern nur verehrt, aber daneben noch viele andere Dinge hochhält und nicht weniger als Mich, oft aber noch mehr liebt – den erkenne Ich als Mein eigenstes Kind noch lange nicht an.

Wer Mich aber erkennt und mit jeder Fiber seines Herzens ergreift, der ist Mein. Wer aber Mein ist, der hat auch Mich allezeit. *Und wer Mich hat, der hat alles!*

Alle Fülle ist in Mir. Alle Lebenskraft, jede Form hat in Mir ihren Grund. Und doch bin Ich im Grunde ganz einfach. Und so müssen auch Meine Kinder alle ganz einfach werden – alles »Komplizierte« und alle Weltliebe abwerfen und so, ganz einfach und rein, Mir offen sein.

Denn seht, nur das Einfache ist stark und geschlossen genug, die Fülle zu tragen! – Meine Kinder aber sollen Meine Fülle tragen mehr und mehr, soviel sie zu fassen vermögen. Darum muß aber auch alles Weltliche, alle Eigenliebe und alles Eigenwollen von euch abfallen. Und nur ein starker Zug darf euch alle durchwehen: *die reine Liebe zu Mir!* – Dieser Zug ergreift zuerst das Herz und dann auch den ganzen Seelenleib und reinigt alles und einigt alles. Und bald wird eine solche Seele ganz einfach und offen dastehen – bereit zu empfangen. Und dann komme Ich, und Meine Fülle durchströmt das Herz und ergreift die ganze Seele und durchwirkt alles mit Licht und Leben.

Sehet die Sonne, wie einfach schaut sie euch an – eine Lichtkugel einfach und ganz! Und doch, wie vielfältig ist das Leben in ihr, auf ihr und von ihr ausgehend! Betrachtet nur eure Erde, welche Fülle lebt doch schon hier in den Strahlen der Sonne auf! Bedenket aber, wie vielen weiteren Planeten sie noch als Lebensspenderin dient! Und all diese Lebensfülle ist in ihr, der einfachen Sonne!

So ist es auch mit den Seelen, die Mich in Meiner Liebe ergreifen und aufnehmen und dann ganz einfach in Mir leben. Ganz reich wird so eine Seele! Und Lebensströme gehen von ihr aus, ungeteilt mit ganzer Kraft. Denn alles Leben in solch einer Seele kommt aus *einem Zentralpunkte, aus Meiner Liebe im Herzen.*

Seht, liebe Kinder, so sollt ihr alle werden – ganz einfache Träger und Trägerinnen Meiner Liebe, Meine Sonnenkinder, an denen Ich eine wahre Freude habe und die Meinen Strahl aufnehmen, in sich sammeln und dann wirken lassen und lebenspendend strahlen in alle Welt.

Fasset Meine Worte mit einem einfachen und einfältigen Herzen und bleibet Mir allezeit offen, dann wird euch immer wieder Meine Fülle durchströmen und euch reich, stark und froh halten in alle Ewigkeit! Amen.

Ist alles Liebe

Und sei es ein Kind,
ein Blümelein,
und sei es ein Lächeln zart.
Ist alles ein Schenken
der Liebe allein,
ist alles von göttlicher Art.

Und sei es der Duft,
der aus Gärten steigt,
und sei es des Himmels Azur.
Ist Liebe,
die dir die Hände reicht
und führt dich auf seliger Spur.

Und sei es der Klang
in den Wäldern weit,
Und sei es ein einfältig Lied.
Ist Liebe,
die dir die Perlen reiht
und die dich zur Herrlichkeit zieht.

Der ewige Morgen

Sehet die Sonne, wie sie lieblich erwacht und überall das Leben erweckt! Herrlich erglänzet ihr Schein in den blühenden Gärten und Feldern. Und der Wälder Grün beginnt gar köstlich zu leuchten. Und der Vögel Singen jauchzet hell in den neuen Tag hinein. Und alles, was da fliegt und kriecht, es freut sich der Helle und des neuen Lebens. – Nur das nächtliche Gewürm und die finsteren Nachtschwärmer verkriechen sich vor dem hellen Tag!

Seht, ihr Lieben, so ist es auch in einer jeden Seele, da Meine Liebesonne im Herzen aufgeht und der ewige Morgen alles Dunkle zerstrahlt, durchleuchtet und erwärmt. Ei, da blühet das Leben dann auch gar köstlich auf in diesem ewigen Licht! Und herrliche Gärten erblühen Mir, und helle Chöre jauchzen Mir entgegen. Herrlichkeit um Herrlichkeit blüht in der Seele auf, die Mich im Herzen trägt.

Und wo Ich dann ewig leuchte als ewiges Licht, als ewige Sonne, da zünde und erwecke Ich immer mehr Leben. Immer weiter, immer herrlicher wird dann solch ein Seelenhimmel und immer heller blüht die Freude darin auf. Und aller nächtliche Spuk weicht dann und flieht vor Meinem hellsten Licht.

Ja, wo Meine Gnadensonne im Herzen erwacht, da wird die Seele zu einem köstlichen Paradies. Wunder über Wunder blühen da empor in solchen Meinen Sonnenkindern. Und nimmer haben sie Zeit, den Blick in die irdische Welt zu verlieren; denn da sehen sie nur Armut und verkümmertes Leben, während in ihnen alle Lebensfülle zu Hause ist.

Darum kann die Welt auch Meine Kinder nicht fesseln; denn sie sind frei von ihr. Sie haben mehr als alle Welt ihnen zu geben vermag, sind immer reich und können immer geben. Blühend stehen sie da, und der milde Schein ihrer Liebe leuchtet still und froh und weckt überall neues Leben.

Und herrlich ist es, wenn Meine Kinder sich begegnen und eins das andre gar bald an seinem Licht erkennt! Welch eine wahrhaft himmlische Freude, wenn da eines im andern den gleichen Morgen erschaut, die gleiche Sonne entdeckt, die auch im eigenen Herzen leuchtet – dazu aber eine ganz andere Gegend, ganz andere Gärten, Blumen und Früchte sieht und ganz neue Melodien erklingen hört! – Ei, das ist ein Entzükken, wenn sie so ineinander lustwandeln und immer wieder erkennen, daß alles nur aus Mir, aus Meiner Liebesonne entstanden ist und immer wieder neu und immer herrlicher ersteht!

Seht, so ist Meine Liebe immer wieder die gleiche, in allen Engeln, in allen Menschen, in allen Herzen. Wo Meine Liebe erwacht, da erwacht auch der Morgen und mit ihm das Leben in allen Arten und Eigenarten. Aber alles wird schön, herrlich, klar und rein.

Kommet, ihr Seelen, und öffnet das Herz Meiner Liebe, auf daß das Licht in euch wach werde und all das nächtliche Gewürm und Gezücht verscheuche und dann ein neues Leben erstehe und erblühe voll Freude, voll Sonne, voll Glück!

Laß die Lieb erwachen

Tag, Tag will werden!
Sieh, der Sonne Schein
will zu dir herein!
Öffne weit die Pforten,
bald wird allerorten
dir das Leben scheinen
und der Nächte Weinen
wird dir ferne sein.

Laß die Lieb erwachen,
sie wird neu dich machen
und dein Herz
auf immerdar erfreun.

*

Immer wieder wächst der Morgen,
Kind der Liebe, Mensch im Menschen,
breite deine Wunderstrahlen,
laß sie allerwärts sich zünden,
sich in allen Herzen finden,
heil'ge Gottestriebe.

Kind der Liebe, Mensch im Menschen,
wachse auf du heilig Wesen,
daß dich unser Herz verkünde,
daß dein Tun in uns erwache,
neuer Mensch und neue Erde
stehe auf und lache.

Kind der Liebe, Mensch im Menschen,
Gottes Wunder in der Zeit,
breite deine Kinderarme,
breite deine Herrlichkeit,
daß der Mensch im Mensch erstehe,
daß er seine Tiefen sehe,
seine große Kostbarkeit.

Ich bin der Weg, die Wahrheit und das Leben

Ich, die Liebe, bin allein der ewig sicherste Weg zum Himmelreich, und wer Mich in sein Herz aufnimmt, der schreitet fest und sicher seiner Vollendung entgegen. Ich allein bin die ewig reinste Wahrheit und das ewig blühendste Leben. – Wer Mich gefunden und aufgenommen hat, den täuscht nicht mehr der Schein der Welt, ihr krummer Irrweg und ihr Lug- und Trugleben. Er durchschaut alles und scheidet den falschen Schein vom wahren Sein.

Ja, wer Mich, die reinste Liebe, im Herzen trägt, der trägt in sich den ewigen Weg, die ewige Wahrheit und das ewige Leben!

Ewig ist die Liebe der Weg ins Himmelreich. Fülle über Fülle kommt über eine Seele, die den Weg der Liebe wandelt, und herrlich weitet sich ihr Geistesland.

Ewig ist die Liebe die Wahrheit. Aus ihr allein kommt alles Licht. Und wer ihren hellen Schein im Herzen trägt, der trägt denn auch die ewige Wahrheit in sich und den verlangt es nicht mehr nach dem Funkeln und Schimmern der Welt, sondern der weiß durch Mich, die Liebe, alles und ist in Meinem hellsten Licht wahrhaft weise.

Ich bin aber auch das ewige Leben. Denn aus Mir, der Liebe, lebt alles. Und kein Dasein ist, das nicht aus Mir die Lebenskraft nähme. Wer aber Mich in aller Fülle in sich trägt, der trägt auch alle Lebensfülle in sich und ist so durch Mich dann ewig reich und lebensschwer und wahrhaft fruchtbringend.

Seht, liebe Kinder, so hat jedes Herz, das Mich treu

und lebendig in sich aufnimmt, alles in allem in sich, nämlich den Weg, der in alle Himmel führt, das Licht aller Himmel und das ganze himmlische Leben – somit den ganzen Himmel mit allem Drum und Dran!

So sollt ihr ihn in euch tragen, euren Liebehimmel, und immer wieder sollt ihr in ihn eingehen und in euch in stillen Stunden den Weg der Liebe wandeln, der euch durch das Licht der Wahrheit immer tiefer in das ewige Leben führt, wo sich dann immer herrlicher, weiter und blühender die Liebehimmel in euch öffnen, je fester, froher und treuer ihr auf dem geraden, schmalen Weg der Liebe wandelt.

So nur konnte Ich als Jesus einst sagen: »Ich bin der Weg, die Wahrheit und das Leben.« Denn in Mir war die ganze Liebesfülle, das ganze ewige Grundleben des Vaters zu Hause. Und nicht als Mensch und Bruder Meiner Seele nach, sondern als euer göttlicher Vater Meinem ewig höchsten Geiste nach sprach Ich solche Worte. Und so spreche Ich auch nun wieder aus Meiner heiligen Vaterliebe zu euch. Und glaubet nur, es ist der gleiche Vater, der Sich hier kundgibt durch das Herz eines Seiner Kinder! Fasset Mich alle in euren Herzen und schreitet auf Mir, dem Wege, zu Mir, dem Lichte und ewig-wahren Leben. Kommet und folget Mir alle nach! Und Ich, euer Jesus, helfe euch, wenn ihr Mich bittet und nach Mir verlangt. Denn Ich allein kenne den Weg ganz und gar und kann ihn allezeit in aller Klarheit überschauen und euch somit ein wahrhaft hellster Leitstern und Führer sein.

Ich bin der Weg,
die Wahrheit, das Leben.
Komme, o Seele,

und schreite in Mir.
Himmlische Freude,
nur Ich kann sie geben.
Folge der Liebe
und komme zu Mir!

Der Gnadenstrom

Es geht ein Strom durch alle Welt,
fließt klar durch alle Herzen.
Und wer sich in die Strömung stellt,
dem schwinden Not und Schmerzen.

Und wer in diesem Lebensstrom
sich kühlet seine Wunden,
der darf voll Licht und Freude bald
auf ewiglich gesunden.

Komm, Seele, und erhelle dich!
Die Strömung steht dir offen.
Und bald hat dich der Gnadenstrom
tief in das Herz getroffen.

Dann bist du reich, und seliglich
die hellen Wasser strahlen
aus deinem Herzen ewiglich
zu deinen Seelentalen.

Selig ist, wer die Liebe kennt und sein eigen nennt! Selig ist, wer Mich, die Quelle aller Liebe im Herzen trägt!

Freuet euch, ihr Kinder Meiner Liebe, jubelt und jauchzet in Mir und badet euch in den Wassern Meiner Gnade und werdet immer heller, froher, reiner und reicher in Mir und an Mir, der Ewigen Liebe! – Sehet, Ich, euer Vater, bin die ewige Quelle aller Gnade, und aus Mir geht der Strom allezeit hell und reich hinein in alles Leben. Und wer offen ist und herzbereit, durch den geht dieser helle Strom mit aller Kraft und reinigt das Herz und läutert die Seele, so daß bald Ich, die Quelle, in das Herz einziehen kann.

Und dann sprudelt der Segen aus dem eigenen Herzen und reiche Gnadenströme ergießen sich durch die Seele und machen sie fruchtbar und weit.

Ja, wer Mich, die Quelle, im Herzen trägt, durch den strömt Meine Gnade allezeit in aller Fülle. Reich und froh wird die Seele, rein und klar wird alles in ihr, und ein Wachsen und Werden hebet an. Hoffnungsgrün weitet sich das Seelenland. Bunte Blumen der Freude erblühen, und fruchttragende Bäume und Gesträuche wachsen empor. Das Leben erblüht in ungeahnter Fülle in solch einer Seele, die Mich, die Lebensquelle, in sich trägt.

Sehet, ihr Lieben, so sollt ihr alle durch Mich zu reichen Gnadenquellen werden. Und durch euch soll sich der Strom Meiner Liebe ergießen und hinausströmen in alle Welt.

Nicht dämmen und absperren dürft ihr die Kraft, die euch durchflutet. Denn dann würde sie in euch überschäumen und euch anstatt das Leben den Tod bringen, indem sie dann alles überflutet und zerstört. Oder Ich, der Herr des Lebens, müßte, wenn Ich euch erhalten will, notgedrungen die Kraft in euch dämpfen, den Strom immer schwächer fließen lassen, je geringer eure Liebetätigkeit wird und je mehr ihr euch euren Brüdern und Schwestern verschließt. Damit aber wird auch das ewige Leben in euch schwächer und schwächer. Und anstatt des Stromes wird ein kleines Bächlein fließen, in dem nur wenig Lebenswasser ist und das bei einiger Welthitze und etwas Höllenbrand leicht gänzlich austrocknet und versiegt.

Nur wer den Strom nicht hemmt und ihn immer stärker fließen läßt, so daß er, durch eure Weisheit geleitet, alle Schwächen und allen Eigenwillen überwindend, hinausströmt, lebenweckend und fruchtbringend in allen Seelen und Herzen – der wird auch die Herrlichkeit Meiner Gnade und die Wonnen Meiner Liebe immer großartiger in sich erleben.

Nur für diese gilt vollgültig das Wort von den nie geschauten Herrlichkeiten, die der Vater denen bereitet hat, die Ihn lieb haben. Denn wer Mich wahrhaft liebt, der liebt und tut auch Meinen Willen. Mein Wille aber ist, daß der Gnadenstrom Meiner Liebe sich ergieße in alle Seelen und in alle, alle Welt, auf daß Leben werde überall und Meine Gärten Mir Früchte bringen.

Das sagt Der, in dem ewig das Leben ist und der alle Seine Kinder liebt. Amen.

Wer treulich in der Liebe wacht,
der wacht auch treu im Leben.
Der steht im Licht selbst in der Nacht,
und lichtvoll ist sein Streben.

Wer treulich Mich im Herzen hält,
den halt Ich stark und rein,
den heb Ich hell aus Nacht und Welt
und laß ihn blühend sein.

Wer Mich als seinen Vater liebt,
den lieb Ich als Mein Kind
und der wird fühlen allezeit,
daß wir verbunden sind.

Wer kindlich kommt und herzbereit,
der ruht in Meinen Armen,
der darf an Meiner Vaterbrust
auf ewiglich erwarmen.

Drum haltet Mich, ihr Kindelein!
Ich nehme euch die Schmerzen
und laß euch all' geborgen sein
an Meinem heil'gen Herzen.

Tempel der Liebe

»Wisset ihr nicht, daß ihr Gottes Tempel seid und der Geist Gottes in euch wohnt?«

Ja, Meine Lieben, »wißt ihr es nicht?« – so fragt Mein Paulus. – Wie wenige Meiner Kinder wissen es, was sie sind und was sie sein sollten! Sie laufen blind umher, und nur ein dunkles und unklares Gedenken haben sie für Mich. Wie ferne sind doch die meisten noch von einem klaren Wissen um Mich, von einem reinen Erkennen Meiner Wirklichkeit und Wesenheit!

Überall sucht man Mich und überall betet man Mich an – nur nicht da, wo man Mir am allernächsten ist, in der ewigen Seinsmitte der eigenen Seele!

Und selbst ihr, die ihr Mich erkennt und liebt in euren Herzen, seid ihr euch immer und überall bewußt, was ihr seid und wer in euch wohnt? Wie oft macht auch ihr die mir geweihte Stätte zu einem Jahrmarkt, auf dem die Ochsen, Esel und Schweine den Ton angeben. Und sind es auch nicht gerade die niedersten Tiere, welche die geheiligte Ruhe stören, so sind es doch oft genug noch die Tauben und Vogelkrämer, die bei euch bis ins Heiligste vordringen.

Ja, liebe Kinder, Meine Tempel seid ihr, Meine Liebestempel, in denen Ich wohnen und lehren will! Heiligen sollt ihr daher euch und rein erhalten von allem Weltstaub, damit Ich nicht gewaltsam eingreifen und mit Meiner Peitsche, welche ist Not und Leid und allerlei Übel, alles Unreine aus euch vertreiben muß.

Glücklich ist, wer sein Heiligtum hütet und nur seiner heißen Kindesliebe, welche ist ein wahrhafter Oberpriester vor Mir, den Zutritt in das Allerheiligste seines Herzens läßt.

Dort wird solch ein Kind den »Heiligen Israels« finden, welcher ist ein wahrer und guter Vater allen, die Ihn lieben. Die ganze göttliche Vaterliebe wartet hier mit offenen Armen auf die Liebe des Kindes, und alle Belehrungen und alle Fülle des Himmels wird hier dem Kinde zuteil.

Ja, den Kindern Meiner Liebe steht der Eintritt in das Allerheiligste immer offen. Die kindlich reine Liebe hat das Recht, hier zu jeder Zeit frei ein- und auszugehen. Und auf die Kinder wartet hier allezeit ein liebender und belehrender Vater, welcher ist der Herr Gott Zebaoth, dem alles Leben die Ehre gibt.

Kommet, ihr Kinder, die ihr die Liebe habt, und achtet wohl der Lehren, die euch die Liebe gibt! Tempel des ewigen Lebens sollt ihr sein und kein Tod soll an euren Wänden kleben. Lebendig sollt ihr sein durch die Liebe. Und die Liebe soll in euch gelehrt und verkündigt werden. Und Liebe soll es widerhallen von den Wänden, und Liebe soll es läuten von den Zinnen, und Liebe soll es singen und klingen in euch und aus euch, Meinen lebendigen Tempeln!

Sehet und höret es: Meine Kindlein, die Mich im Herzen tragen, sind Meine wahren Tempel und Kirchen, durch die Ich Mein Himmelslicht verbreite. Und je mehr solche lebendige Tempel Mir nun gebaut und geöffnet werden, um so heller wird Mein Liebelicht die Welt durchleuchten. Und so wird vollwahr und lebendig das heilige, ewige Jerusalem herniederfahren aus dem Himmel von Gott, und die Heiligkeit Gottes wird in ihm sein.

Freue sich, wer eingehen kann in die Stadt des Lichtes und Lebens, da wird Freude sein ewiglich! Amen.

Herzensweihe

Du sollst dein Herz wie eine Flamme tragen,
ein heilig Licht, das über allem blüht,
und dessen Strahlen in die Tiefen ragen
und wunderbar durchströmen dein Gemüt.

Du sollst dein Herz wie eine Quelle halten,
daraus du immer neu dein Leben trinkst,
die dich durchflutet wie mit Urgewalten
und voller Jubel durch dein Wesen dringt.

Du sollst dein Herz dir zum Altar erheben,
darauf das Wunder sich stets neu dir beut,
wo sich entfaltet dir dein tief'res Leben
und dich erfüllt mit Glück und Herrlichkeit.

Du sollst dein Herz im vollen Jubel tragen
durch deine Tage, deine Nächte hin,
und sollst nach nichts als deinem Herzen fragen
und dich durchwirken ganz mit seinem Sinn.

Du sollst, Mein Kind, ganz wie dein Herze werden,
dich neu erschaffen nach des Herzens Bild.
Dann blüht und bleibt die Sonn' auf deiner Erden
und deine Saaten reifen still und mild.

Maria

»Siehe, ich bin eine Magd des Herrn, mir geschehe nach deinem Worte!«

So sprach Maria, die Mutter Meines Leibes, zu dem Engelsboten. Ganz ergeben, ganz bereit, Meinen Willen zu tun. Kein Hochmutfunke war in ihr, alles war Demut an ihr, und ganz offen und willig war sie Meinem Einwirken. Eine »Magd des Herrn« – nichts weiter wollte sie sein. Glücklich war sie, Mir dienen zu dürfen.

Seht, liebe Kinder, nur eine solche Maria, nur ein solch einfaches, offenes und durch seine große Demut reines Seelengefäß konnte Mich, euren Jesus, gebären. Nur in ihrem Schoß konnte Meine Seele unverdorben ausreifen, um stark genug zu sein in dem gewaltigen Kampf, der ihr bevorstand. Nur dieses einfache, unschuldige Mädchen Maria konnte Meine Mutter sein.

Wie nun die Maria der Welt ihren Heiland gebar, so müssen auch alle Meine Kinder für ihre eigenste Seelenwelt ihren Heiland gebären.

Ja, liebe Kinder, ihr alle müßt wie Maria werden und ganz demütig mit eurer Liebe nur Mir dienen wollen und allezeit bereit sein, Meinen Willen zu tun. Nur dann werdet auch ihr ein »Christkindlein« in euch gebären. Und wenn ihr es gut heget und pfleget, dann wird es auch wachsen und groß und stark werden. Und ein Christus wird in euch erstehen, herrlich und lichtvoll. Und euer ganzes Wesen wird von Ihm durchdrungen werden, und Seine Herrlichkeit wird in euch sein.

Seht, so muß sich in jeder Seele geistig das wiederholen, was einst auf dieser Erde im Fleische geschah.

Zuerst muß immer eine Maria da sein, dann erst kann ein Christus werden. Die Seele muß sich ganz demütig dem Willen und Wunsche Meiner Liebe beugen, dann erst wird sie diese Liebe im Herzen empfangen – zunächst wie ein Kindlein, zart und lieblich. Und von eurer Seele geliebt und gekost, wird es wachsen und reifen zur Herrlichkeit Gottes, welches ist die Herrlichkeit der Liebe des ewigen Vaters in Mir, Jesus Christus.

Höret wohl, liebe Kinder, und laßt all euren Hochmut, alle Eigenliebe und Selbstherrlichkeit von euch fallen, auf daß Meine Herrlichkeit um so prächtiger in euch erblühen kann. Laßt Meinen Willen immer mächtiger in euch werden und euren Eigenwillen immer schwächer, und seid Mir, wie Maria, ganz und gar untertan. Dann werde Ich Meine Freude an euch haben und Meine Hand wird euch halten, lenken und leiten in ein immer helleres und schöneres Leben zu ewiger Freude und Seligkeit. Als Meine Kinder werdet ihr dann allezeit lichtvoll im Leben stehen und Mir der höchste Ruhm sein ewig.

Sehet, so ist Maria auch wahrhaft und wirklich die Königin des Himmels. Nicht als Person, denn da gibt es außer Mir nur Brüder und Schwestern, und nur Ich allein bin der König und Vater aller Meiner Kinder. Aber als Sinnbild reinster Demut und Hingabe bleibt sie in einer jeden Seele ewig die Königin, mit der allein der König, welcher ewig die Liebe ist, Sein Hochzeitsfest feiern kann.

Herrlich das Reich, welches von diesem Königspaar beherrscht wird – da wird Friede und Freude sein ewiglich! Amen.

Der Täufer

»Tuet Buße, das Himmelreich ist nahe herbeigekommen!«

Was bedeutet dieses »Tuet Buße«? – Buße tun heißt, seine erkannten Fehler bereuen mit dem ernsten Willen, sie wieder gutzumachen. Büßen heißt also, bessern. Und Buße tun heißt, bessertun.

Johannes predigte hart und rücksichtslos. Nichts

schonte er, und wo er Falschheit und Lüge erkannte, da donnerte er seine Ermahnungen zur Buße. Er war wahrhaftig und gerecht durch und durch, und er war der große Reiniger, der berufen war, vor Mir, der Liebe, herzugehen.

In Johannes war die Gerechtigkeit verkörpert. Er stand am Ende und Anfang einer Weltenwende als Wegbereiter für das neue Licht, welches durch Mich die Menschheit überkam. Johannes war die letzte und reifste Frucht einer Zeit, da das Gesetz herrschte. Er war der letzte große Mahner einem Volke, das dieses Gesetz mit Füßen trat, einer herrschenden Kaste, die, aller Gerechtigkeit Hohn sprechend, dieses Gesetz zum eigenen Vorteil benutzte und auslegte einem blindgehaltenen Volke gegenüber.

Wohl standen die Pharisäer und lachten und höhnten über ihn; aber das einfache Volk ging doch in sich, erkannte in ihm die Stimme Gottes und tat Buße zum großen Ärger der Templer.

Seht, liebe Kinder, so steht auch heute der Täufer in der Welt, und ihr erkennt seine mahnende Stimme in all den reinigenden Bestrebungen und erneuernden Bewegungen der heutigen Menschheit. Seht, wie er auch heute von oben verhöhnt wird! Und doch kündet er immer wieder mit mächtiger Stimme sein »Tuet Buße!« – Und seine Anhänger mehren sich auch heute, und aus ihrer Zahl erstehen Mir auch nun wieder die meisten und besten Jünger.

Sehet nun aber auch weiter das gleiche Geschehen in einer jeden Seele! – Auch hier wird aus der reifen Erkenntnis, welche die alte Mutter Elisabeth darstellt, der Täufer geboren. Auch hier steht er auf als mächti-

ZENTRUM HELFENSTEINE

Ein alter Kraftort ist neu belebt

Das Zentrum Helfensteine in Zierenberg bei Kassel ist ein expandierendes ganzheitliches Heil- und Seminarzentrum, mitten im Naturpark Habichtswald. Direkt am Fuß der Helfensteine, einem alten keltischen Kraftort, bietet das Zentrum mit 7.000 qm Gebäudefläche auf 50.000 qm parkähnlichem Grundstück, Raum für Ärzte, Heilpraktiker, Therapeuten und Künstler, die sich mit ganzheitlichen Therapieansätzen beschäftigen.

Der magisch mystische Ort und die Alleinlage des Zentrums Helfensteine sind dafür prädestiniert, vielen Menschen neue Wege zu ermöglichen - sei es um Heilung zu erfahren oder um heilend tätig zu sein.

Luftaufnahme vom Zentrum Helfensteine

ger Trieb nach Reinheit und Wahrhaftigkeit und laut kündet er der Seele sein »Tue Buße!« – »Tue besser!« – »Reinige dich!«

Noch ist dieses Bestreben nicht rein geistig und neues Leben gebärend, sondern es will nur das alte Wesen klären. »Ich taufe nur mit Wasser«, so spricht Johannes, »aber es wird Einer kommen, der mächtiger ist als ich, der wird euch mit dem Heiligen Geist und mit Feuer taufen!«

Johannes wußte, daß er nur ein Wegbereiter war, er wußte aus seinem Geiste heraus, daß das wahre Lebenslicht erst kommen würde – ein Höherer, dessen Schuhriemen aufzulösen er nicht wert war. – Und so ist es auch in der Seele, wenn hier der Täufer, der Reinigungstrieb, erwacht. Da ist auch immer das Bewußtsein vorhanden, daß dieses nicht das Letzte ist, sondern nur eine Vorstufe, eine Vorbedingung. Die Seele fühlt es auch, daß ein Höherer kommen will, etwas Herrlicheres, zu dem diese Reinigung nur ein grober und rauher Weg ist.

Als aber dann zu Johannes dieser Mächtigere und Höhere kam, da kam er ganz einfach und schlicht in der Person des wohlbekannten Zimmermanns Jesus aus Nazareth. Der Geist aber zeigte es dem Johannes an, und aus dem Geiste zeugte Johannes von Mir: »Siehe, das ist Gottes Lamm, welches hinwegnimmt die Sünden der Welt!«

So komme Ich denn auch zu einer jeden Seele ganz schlicht und einfach. Aber der Geist im Herzen sagt es euch, daß Ich es bin, der da kommt.

Selig die Seele, die den Ruf des Geistes hört und Mir folgt, wie auch Meine ersten Jünger, die zunächst des

Johannes Jünger waren, Mir auf den ersten Ruf sogleich folgten.

Johannes selbst folgte Mir nicht, obgleich es auch ihm freigestanden hätte. Im Geiste wußte er es genau, wer in Mir, Jesus, herniedergekommen war, aber seine Seele sträubte sich dennoch dagegen, Mir als einfacher Jünger zu folgen. – Darum aber mußte er auch sterben. Er mußte abnehmen, auf daß Ich ungehindert wachsen, das heißt Mein Licht verbreiten konnte. Denn Johannes war nur ein Feger, ein Reiniger in der Hand Gottes, während in Mir, Jesus, die Fülle der Gottheit wohnt.

So muß denn auch in jeder Seele der Johannes abnehmen, damit der Christus wachse. Das bedeutet: Der noch stark irdische [d. h. harte, unduldsame] Reinigungstrieb und die zu große äußere Gerechtigkeit muß sich mehr und mehr verlieren und dem sanften Wehen Meiner Liebe Platz machen.

Meine Liebe in euch muß wachsen und immer mehr die ganze Seele bis ins Äußerste durchdringen und so von innen her den ganzen Menschen neu gestalten und wahrhaft reinigen und beleben.

Ja, der Christus muß in euch wachsen, liebe Kinder, und der Täufer abnehmen, damit seine harten Bußpredigten nicht die sanfte Herzensstimme eurer Liebe übertöne.

Folget Mir, der Liebe eures Herzens, und bleibet, wenn er euch getauft hat, nicht bei dem gerechten Johannes stehen! Denn dieser kann euch wohl mit Wasser taufen; aber mit Feuer und Geist tauft euch nur Einer – und das bin Ich, Jesus Christus, die Ewige Liebe! Amen.

Jesus Christus

»Und das Wort ist Fleisch geworden und hat unter uns gewohnt.«

Das Wort ist Fleisch geworden – wer, o wer kann solches fassen!? Wer kann es je völlig begreifen und verstehen!?

Das Licht allen Lichtes, die ewig heilige, unnahbare Gottheit, die reinste Liebe, steigt herab in die äußerste Finsternis, in die tiefste Nacht der Hölle, zieht an das Kleid der vergänglichen Materie und wandelt mit ihren Geschöpfen wie ein ärmlichster Bruder durch Entbehrung, Haß und Leid! Ja Ich, die Ewige Liebe, der Vater des Lichtes, der ewige Herr allen Werdens und allen Geschehens, ließ Mich herab aus Meiner ewigen Unzugänglichkeit in die Vergänglichkeit, um so Meinen blindgewordenen und gänzlich verirrten Kindern den Weg zu bahnen aus Dunkel und Verwirrung zurück in das klare Licht, zu den sonnigen Höhen reiner Liebe! Das Licht ward geboren, das hellste Licht der Himmel, die Freude der Engel ward eingezeugt in ein hilfloses Fleisch!

Jauchzende Engelschöre umschwebten die Grotte zu Bethlehem bei Meiner Geburt, und alle Himmel waren voll Freude, Jubel und Erstaunen über die Größe des Geschehens. Aber auf der Erde war kaum ein Mensch, der Mir Beachtung schenkte! Über dem alltäglichen Weltgetriebe ging man an der stillen Grotte zu Bethlehem vorüber!

So geht man auch heute laut und schreiend an den stillen Grotten vorbei, in denen das Christkind geboren wird. Für die lärmende Welt kommt Es zu still und einfach, als daß man Ihm königliche Ehren bezeugen dürfte. Und nur gar wenige glauben an Seine wahre Göttlichkeit.

Ja, still und lautlos kommt das Licht auch heute in die Seelen und wächst ohne Aufsehen heran. – Aber die das Lichtkindlein aufgenommen haben, die freuen sich gar sehr darüber und beschützen und behüten es, damit die Welt es nicht töte. Denn auch heute kommen Herodesse und stellen dem Kindlein nach, um es zu töten. Aber es ist auch immer ein Nährvater Joseph da, der mit dem Kindlein flieht und es beschützt vor allen Nachstellungen. Ja, in jeder Seele ist solch ein Nährvater. Es ist das der sorgende, ängstliche Trieb, der das junge Liebelicht in euch nach außen hin nicht überall preisgibt, denn das Kind ist noch jung und kann sich vor der Welt nicht helfen.

Aber das Kind wächst heran, wie damals naturmäßig, so nun auch geistig in einer jeden Seele. Das Licht wird kräftiger und strahlt schon weiter in seine nächste Umgebung hinein. Und so wächst das Lichtkind, der Christus, in einer jeden Seele heran. Immer noch still und bescheiden, kräftigt sich das Licht in der Seele und festigt sich im stillen, aber oft harten Kampf mit den Schwächen der Seele – bis dann das Licht in euch ausgereift ist und die Seele ganz und gar durchdringt und so alles in euch Licht und Leben wird. Dann erst ist in euch der Christus voll und wahr lebendig und keine Macht der Hölle kann euch widerstehen. Denn nicht eure menschlich schwache Seele ist es dann, die in euch wirkt, sondern der ewige Gottesgeist lebt in euch, und der ist groß und stark über allem.

Seht, diesen Weg muß ein jedes Meiner Kinder gehen, hier und auch im Jenseits. Alle müssen geistig Mir nachfolgen und den gleichen Weg wandeln wie Ich, euer Jesus, ihn euch vorlebte. Alle müssen wie Ich ganz und gar Licht werden und kein Dunkel darf in ihnen sein.

Und wie Ich, Jesus Christus, mit dem Vater vollkommen eins bin in alle Ewigkeit und nur durch Mich der Vater allezeit vollwahr und lebendig zu den Menschen kommen wird – so wird eine jede Seele, die Mich als den Sohn liebend in sich erfaßt und aufnimmt, auch in Mir den Vater aufnehmen und so durch den Vater in Mir das ewige Leben haben.

So komme Ich heute und allezeit wieder in die Welt. Und Mein Licht leuchtet aus all den Seelen, die Mich aufgenommen haben. Licht muß werden überall! Das ist Mein göttlicher Wille, der Wunsch Meiner Liebe, daß Mein Liebelicht leuchte aus allen Herzen und Seelen in der weiten Unendlichkeit. Weichen muß das Dunkel, das die weite Schöpfung noch gefangenhält. Das Licht muß überall frei und selbständig in den Seelen leben und so, nach Meinem göttlichen Ebenbilde strahlend, neben Mir dastehen und überall Meine Herrlichkeit verkünden.

Und sehet, ihr Lieben, dazu kam Ich einst aus lichtester Höhe in die verworrenste Finsternis, erniedrigte Mich und stieg aus Meiner höchsten Freiheit und Allmacht herab in die tiefste Gebundenheit des Fleisches, kam als ein hilflos schwaches Kind auf eure Erde, den winzigen und geistig verkommensten Planeten des ganzen Weltenalls, um hier inmitten tiefster Hölle den höchsten Himmel zu begründen, um all das Verlorengegangene wiederzuholen und die Schule zu begründen, in der Meine Kinder in hartem, schwerem Kampfe das erreichen sollen, was einst Ich, Jesus Christus, erreicht habe, nämlich die volle Verbundenheit mit dem Vater durch Mich, Jesus Christus.

Ich bin die einzige Brücke, die euch mit der ewigen Gottheit verbindet. Und nur durch Mich und in Mir wird diese allmächtige, unnahbare Gottheit euch zu einem liebenden Vater, der euch behütet und beschützt auf allen euren Wegen.

Ohne Mich wird für euch die Gottheit ewig unnahbar bleiben. Und wenn ihr schon in Ihrem Lichte leben und viel Weisheit in euch sammeln könnt, so wird doch ohne Mich nie eine Seele das höchste Glück erreichen können: ein freies Kind und Ebenbild Gottes zu werden und am Vaterherzen der Gottheit einst selig zu ruhen.

Ich sage es euch, wer da sucht nach Licht, der wird Mich finden, und wer da sucht nach Leben, der wird Mich finden, und wer da sucht nach Liebe, der wird Mich finden. Und jeder, der da sucht wahrhaftig und ehrlich nach der Wahrheit, der wird auf allen Wegen, die er geht, zu Mir kommen. Denn Ich bin der Grund aller Wahrheit, allen Lichtes, Lebens und aller Liebe. Und da Ich die Wahrheit im Grunde bin, so laufen auch alle wahren Wege zu Mir.

An Mir kann kein ehrlicher Sucher vorüber, einmal muß er doch bei Mir anlangen. Und selbst wenn er noch so viele Umwege macht, so wird er doch einmal hier oder in der Geisterwelt bei Mir halten müssen. Der kürzeste Weg zu Mir aber ist die Liebe. Wer in der Liebe schreitet, den zieht der Vater in Mir, welcher die reinste Liebe ist, gar mächtig an, und der kommt dann bald zum Sohne. Und wer so durch den Vater den Sohn gefunden hat, der wird dann bald erkennen, daß der Sohn mit dem Vater vollkommen eins ist. Und was der Vater hat, das hat auch der Sohn, und wer den Sohn gefunden hat, der hat auch den Vater gefunden. Die aber den Sohn lieben und aufnehmen, die wird auch der Vater aufnehmen, und in denen wird es heller und heller werden. Und das Licht des Vaters wird aus ihnen leuchten, herrlich und klar in alle Welt.

So laßt denn Licht werden, liebe Kinder! Laßt euch ziehen durch den Vater zum Sohne und findet im Sohne alle Fülle des Vaters!

Laßt Mich, Jesus Christus, der Ich ewig bin der Vater aus Meiner Liebe, der Sohn aus Meiner Weisheit und der Heilige Geist aus Meiner alles durchwirkenden Lebenskraft – laßt Mich in euch geboren werden aus der demütigen Liebe eurer Seele. Und laßt Mich wachsen, werden und reifen in euch, auf daß ihr stark und liebehell durch Mich werdet und einst voller Licht dastehet, leuchtend aus Mir.

Sehet, Ich will wiederkommen in die Finsternis der Welt – aber nicht allein will Ich leuchten, sondern aus allen Meinen Kindern soll Mein Licht tausendfältig widerstrahlen und leuchten und jubeln im Lande der Nacht! Heller Tag soll einkehren da, wo bisher die Finsternis herrschte. Und die Finsternis wird weichen müssen vor Meinem Licht, das aus Meinen Kindern strahlt.

So will Ich richten Lebende und Tote! – Die Lebendigen in der Liebe werden Mein Licht mehr und mehr überkommen und der Himmel wird bei ihnen einkehren. Die Toten aber werden sich an Meinem Lichte stoßen, sich immer mehr in ihre Finsternis zurückziehen und also wahrhaftigst die Hölle überkommen.

Ich bin der Weinstock und Meine Kinder sind Meine Reben. Und wie man durch die Reben erst den Weinstock zu würdigen versteht, so soll auch alle Welt durch Meine Kinder belehrt werden, wie herrlich und wunderbar Der ist, der ihnen das Leben spendet.

Und darum sage Ich es auch nun: Selig ist, der das Leben hat, denn er soll ewig leben in Mir! Selig ist, der sich nicht an Mir ärgert. Und selig alle, die sich erfreuen an Mir und jubeln in Meinem Lichte! Denn Ich, Jesus Christus, das ewige Licht und Leben, bin mit euch allen und halte euch, die ihr Mich haltet. Und durch Mich sollt ihr leuchten hell und liebeklar, jetzt und in alle Ewigkeit! Amen, Amen.

Sieh, der Heiland!

Leuchte empor, du Ewigkeit,
wachse, du Flamme, aus Raum und Zeit,
daß einst der Tag sich runde.
Brenne, du herrliche, heilige Glut,
wachse, du hoher, seliger Mut,
wachse, du bleibende Stunde.

Seliges Singen und Sagen noch,
leis bricht aus allen Herzen es hoch,

duftendes Blühen und Wehen.
Sieh, heilig dränget die Zeit hervor,
still tritt die Freude aus jedem Tor –
der Heiland will erstehen.

Es leuchtet seines Kleides Saum
aus Stern und Blatt und Kindertraum –
sieh, alles will Ihn sagen.
Es singt von Ihm ein jeder Wind –
o sieh, ein jedes arme Kind
tut Ihn im Herzen tragen.

Gethsemane

Wer mit Mir will zur klarsten Höh,
zu sel'gem Lichte steigen,
muß, wie Ich in Gethsemane,
ganz tief die Seele beugen.

Wer Mir will folgen himmelwärts
zur ew'gen Stätte droben,
der muß sich Mir mit Sinn und Herz
schon unten zugeloben.

Der muß in heil'ger Liebe glühn,
Mir gänzlich hingegeben.
Dann halt Ich ihn und stärke ihn
und führe ihn zum Leben.

Kampf und Sieg, das ist Gethsemane!
Hier kämpfte Meine Seele allein den größten und

schwersten Kampf, den je eine Seele gekämpft hat. In hellster Klarheit stand hier all das kommende Weh und Leid vor ihren Augen. Ganz einsam und verlassen stand Meine Seele all diesem Bitteren gegenüber, und ein Zittern und Zagen überkam sie. Hier wirkte nicht der Vater in Mir, nein, Er hatte Sich zurückgezogen. Frei mußte Meine Seele sich entscheiden. – Und hier entschied sie sich. Rein und makellos, wie sie war, nahm sie alle Schuld und alle Sünde der Menschheit auf sich und ergab sich voll und ganz in den Willen des Vaters. »Vater, nicht Mein, sondern Dein Wille geschehe!«

Das war der Sieg! Hier schon fiel die Entscheidung von Golgatha durch die völlige Hingabe Meines Eigenwillens in den Willen des Vaters.

Der Wille Meiner Seele war rein und durchaus in der göttlichen Ordnung. Und selbst wenn Ich Mich anders entschieden hätte, so wäre Meine Seele doch ganz rein und ohne Sünde gewesen. Aber wie wäre es dann um die Erlösung der Menschheit, um die Erlösung der ganzen gefallenen Geisterwelt bestellt gewesen? Wer hätte die Brücke geschlagen, auf der allein die Seelen zum Vater gelangen können?

Mein Alles übergab Ich darum hier dem Vater, der Ewigen Liebe in Mir. Und wie Ich dem Vater alles hingab, so überkam Mich auch wieder die ganze Kraft des Vaters. Und nur aus dieser heißen Vaterliebe in Mir konnte Ich das große Erlösungswerk vollbringen, den Kreuzweg gehen bis ins Grab hinab.

So, liebe Kinder, muß eine jede Seele, die das Höchste erringen will, sich im Tiefsten beugen. Das heißt, sie muß sich aus Liebe zu Mir, dem Höchsten, voll und ganz in alles ergeben, in alles, was ihr über den Lebensweg kommt. Im tiefsten Leid muß solch eine Seele sich voll vertrauend in Meine Hände legen und immer wieder sagen: »Vater, nicht mein, sondern Dein Wille geschehe!«

Wenn so die Entscheidung fällt, wenn die Seele sich mit allem und in allem Mir übergibt, dann kommt auch immer die Stärkung von oben. Und durch die Kraft Meiner Liebe in ihr wird selbst die schwächste Seele stark genug, ihr Kreuz bis zum Grabe zu tragen. Wohl kommt oft ein Zittern und Zagen über eure Seelen, und dieses um so mehr, da eure Seelen ja nicht von der Reinheit und Klarheit sind, wie es die Meine war. Aber je schwächer ihr aus euch seid, um so stärker wird euch bei völliger Übergabe Meine Hand halten. Und euer Kreuz soll euch leicht werden, denn Ich, der gekreuzigte Sieger, trage es euch.

Ich trug und trage noch jetzt das Kreuz für alle. Aber ihr müßt es Mich auch tragen lassen und nicht eigenwillig selbst eure Lasten tragen wollen. Nur wer sich Mir voll und ganz hingibt und sich Mir ganz und gar zu Füßen legt, dem kann auch Ich Mich ganz hingeben und ihm das Kreuz tragen. Alle anderen aber werden immer wieder unter ihrer Last zusammenbrechen. Und den Sieg auf Golgatha wird nie eine Seele ohne Mich erringen können. Denn der gehört Mir und mit Mir all denen, die Mich aufnehmen und sich Mir hingeben.

Hingabe, vollste Hingabe, das ist es allein, was Ich brauche und was ihr brauchet. – Immer wieder liegt es an euch! Gebt ihr euch Mir hin, so gebe auch Ich Mich euch hin. Und je vollkommener ihr euch Mir, eurem

Heiland, der Ewigen Liebe in euch, ergebet, um so leichter werdet ihr euer Kreuz zu tragen vermögen.

Hingabe! – so wird es immer wieder lauten. Und so klingt es durch alle Meine Himmel. Nur wer sich Mir, der Liebe, hingibt, der wird siegen und gewinnen und das Reich erobern.

Wahrlich, Ich sage euch: Wer sich Mir, Jesus Christus, hingibt mit Leib und Seele und mit der ganzen Glut seines Herzens, der wird den Sieg auf Golgatha schon in sich tragen, und der wird auferstehen und leben in Ewigkeit!

Höret Meine Stimme, der Ich bin, war und sein werde! Amen, Amen!

Kreuzträger

Wer schreitet mit nach Golgatha
zum Sieg auf steiler Höh?
Wer geht mit Mir durch Not und Nacht,
durch Leid und bitt'res Weh?
Wer will mit unterm Kreuze gehn,
wer fürchtet nicht die Schwere,
wer will mit Mir einst auferstehn
aus all der dumpfen Leere?

– Ich rufe weit, Ich rufe breit,
sind viele, die Mich hören,
doch wenige nur sind bereit
und lassen sich bekehren.

– Kommt, Kinder, und erkennet Mich
an Meinem treuen Walten!

Es will euch euer Jesus Christ
das Leid in Freud gestalten.
O rufet nur, Ich helfe gern,
euch tragen eure Lasten.
Ich bin euch nie und nimmer fern,
drum laßt das bange Hasten!
Geht still und ruhig durch das Land
und duldet nur die Schwere!
Und glaubt, Ich halt euch an der Hand
und glaubt, daß Ich euch höre!
Ja glaubt, daß Ich stets bei euch bin
und euer Herz bescheine,
und Seligkeit ist der Gewinn
und Freude, hell und reine.

– Kommt, Kinder, die ihr weit im Land
mit Mir am Kreuze traget,
und hört, was einst im Vaterland
der Vater zu euch saget!
Er wird euch nehmen an Sein Herz,
das herrlich helle, reine,
und wird euch nehmen allen Schmerz,
auf daß kein Kind mehr weine.
Dann wird Er sagen: »Kindelein,
die ihr mit Mir gegangen,
o geht in Meine Freude ein!
Vergesset Leid und Bangen!
Und blüht in Meiner Liebe auf
als Meine Himmelsrosen!
Laßt euch von Meiner Vaterhand
behüten und umkosen!«

Drum schreitet still und stark und rein
und folget Meinem Bilde!
Ich führ euch in die Himmel ein,
in selige Gefilde.
Das Kreuz, es wird das Zeichen sein,
an dem Ich euch erkenne
und euch als Meine Kindelein
und als Mein eigen nenne.

Singen und Beten

Schreibe, und Ich will dir etwas über das Beten sagen, wie Ich es verstehe und wie ihr es noch lange nicht begreifet.

Wie mögt ihr euch denn streiten über das Beten? Lehrte Ich nicht Meine Jünger beten, und betete nicht auch Ich immer und immer wieder? Und um wie vieles mehr mögt ihr ein solches tun, die ihr schwach und voller Sünde seid! Um wie vieles mehr habt ihr es nötig, euch im Vater zu sammeln, da euch die Welt doch noch allzuleicht verwirrt und von Mir ablenkt!?

Ich sage es euch: Wer da nicht immer wieder im Herzen zu Mir kommt, ganz demütig bittend, der wird von der beseligenden Kraft Meiner Gnade nicht viel zu verkosten bekommen, wohl aber wird ihn die Welt gefangennehmen. Und die Erlösung aus diesem Joche wird ohne Mich für ihn schwer sein.

Wohl achte Ich nicht auf das, was nur euer Mund Mir sagt und wobei die Liebe des Herzens nicht mitspricht. Wahrlich, all dieses Geplärr, und wenn es noch so getreu und wortgerecht in schönster Form Mir vorgebracht wird, will und kann Ich ewig nicht hören. Denn nur was aus der Liebe emporsteigt, das dringt auch zu Mir. Ja, wo die Liebe zu Mir im Herzen erblüht ist, da strömt aus dieser immerzu der Strom hinaus zu Mir und zu allen Menschen.

Und sehet, so aus der Tiefe eures Herzens heraus könnt ihr erst richtig und wirkungsvoll beten. Da wird euer ganzes Leben ein immerfort sprudelndes Gebet sein. Immer wieder werdet ihr, getrieben von eurer Kindesliebe, zu Mir kommen müssen, und immer wieder werdet ihr aus der empfangenen Kraft geben können allen, die dieser Liebe bedürfen. Bittend werdet ihr von Mir empfangen, und schenkend werdet ihr Mir danken.

Sehet, alles dieses ist Mir eine wahre, immerwährende Anbetung: aus Liebe zur Liebe, aus Gott zu Gott – das ist der Kreislauf! So soll es sein, und ewig geht es nicht anders. Nur durch Mich könnt ihr leben, und nur durch Mich könnt ihr auch in anderen das Leben wekken. Ohne Mich aber vermag kein Mensch etwas, weder singen noch beten, noch schenken, und am wenigsten können es Meine Kinder. Denn diese sind voll und ganz auf Meine Liebe angewiesen und sind ohne sie ganz und gar hilflos.

Die Tätigkeit dieser Liebe in euch aber ist vor Mir ein wahres und Mich sehr erfreuendes Beten. Und da ist es gleich, ob diese Liebe sich jubelnd, singend oder flehend zu Mir kehrt oder durch Mich zu allen anderen Seelen. Wichtig ist Mir immer nur die Liebe und deren Tätigkeit. Und nur mit diesem eurem eigenen Tätigkeitsmaße messe Ich. Alles andere aber gilt nie etwas vor Mir.

Wen die Liebe singen macht, der singe! Und wen sie reden macht, der rede! Und wen sie schweigen macht, der schweige! Und wen sie dränget zum Schenken, der schenke!

Wahrlich, Ich sage es euch: Wer da viel bittet um Liebe, der wird auch viel Liebe empfangen. Und wer da viel singet aus Liebe, der wird viel Freude haben. Und wer da gern schenket alles, was ihm von oben gegeben ward, der wird dieses alles tausendfältig wiederfinden und einst überreich sein in Meinem Reiche.

Ja, tuet alles, was euch die Liebe in euch lehrt, so werdet ihr immer recht vor Mir tun und Mich beständig anbeten. Denn Ich, Jesus, bin die reinste Liebe, und wer in Liebe zu Mir kommt, der ist Mir ganz nahe und Ich werde das leiseste Stammeln seines Herzens hören wie eine klare und sehr wohltönende Stimme.

Darum kommet und bittet Mich im Geiste, und Ich will euch mit Meiner Kraft überschütten! Kommet und singet Mir aus Liebe, und Ich werde Meine Freude an euch haben! Kommet und jubelt in Meinen Wonnen und schenket aus Meiner Fülle, und Ich, euer Vater, werde in euch sein und aus euch leuchten in all Meiner Kraft und Klarheit.

Kommet, ihr Kindlein, und tuet recht nach Herzenslust alles, wozu euch die Liebe drängt! Immer wieder wird sie euch zu eurem Vater drängen und immer wieder von eurem Vater zu allen euren Schwestern und Brüdern. Und seht, dieses Tun nach dem Drängen eures Herzens ist und bleibt Mir das liebste und köstlichste Gebet, dessen sich Mein Vaterherz erfreut. – Wo aber das Herz kalt ist, da vernehme Ich ewig nichts und erhöre auch nie die materiellen Seufzer solcher Lippen.

Darum seid glühenden Herzens und fröhlichen Mutes und kommt zu Mir mit allem, was Ich euch gebe zu Meiner und eurer Freude. Amen.

Vertrauet Mir

Vertrauet der Liebe, so wird euch die Liebe stark halten! – Ja vertrauet Mir, liebe Kinder, eurem Vater, der Ich eure Liebe bin. Vertrauen kann nur der vollkommen zu Mir haben, der Liebe zu Mir hat. Und je unerschütterlicher seine Liebe zu Mir sein wird, um so unerschütterlicher wird auch sein Vertrauen zu Mir sein.

Denn erst die Liebe kennt Mich wahrhaft in Meiner Kraft und kann daher nie zagen und wanken. Das volle Vertrauen ist es erst, das es Mir möglich macht, in eurem Leben alles zu eurem ewigen Wohle zu lenken. Wer da aber immer Zeichen und Wunder sehen will und immer nur wünscht, daß es gerade also geschehen soll, wie er es sich in kurzsichtiger Weise ausdenkt, der ist noch fern von einem solchen wahren Vertrauen.

Nur wer da alles in Meine Hand legt und fest glaubt, daß Ich mit ihm bin und ihn selbst über die finstersten und dornigsten Straßen zum Lichte führe – nur dem kann Ich wahrhaft die Kraft zur Überwindung in das Herz legen und der wird stark werden und hinauswachsen über alles Leid.

Ja hinauswachsen, hinausreifen aus dem Leid durch die Kraft der Liebe in euch – das ist euer Weg auf

Erden! Da zeigt sich die Kraft Meiner Liebe in wahrer Größe und Herrlichkeit, in dem Hinauswachsen aus allen Engen, aus allen Umklammerungen der Welt, aus all den Widerwärtigkeiten eures Pilgerlebens. Hinauswachsen, hinüberwachsen in eine andere Welt, die Welt des reinen Geistes, der reinen, überwindenden Liebe! Wessen Herz aber voll Liebe zu Mir ist und wer durch die Liebe Mich in Meiner Tiefe erkannt hat, in dem wird aus dieser Erkenntnis auch das Vertrauen wachsen und reif und stark und unerschütterlich werden.

Und wer so das Vertrauen zu Mir voll und ganz gefunden hat, der findet dann auch das Vertrauen zu sich selbst erst richtig – nicht zu seinem eigenen, schwachen Ich, sondern zu Meinem Ich, welches dann durch die Liebe sein eigenes Wesen ausmacht. Und sehet, solch ein Vertrauen auf Meine Kraft in euch läßt euch dann erst recht euer Leben meistern. Durch Meine Kraft in euch werdet ihr alles überwinden, was euch die Welt entgegenstellt.

Denn indem ihr in euch die Welt überwunden habt, steht ihr über der Welt, und die Welt hat keinen Anteil mehr an euch. Ich, Jesus, habe die Welt überwunden, und wer Meinen Geist voll und ganz in sich aufnimmt, der wird mit Mir Sieger über alle Materie sein. Frei und überwindend wird sich sein Geist über sie erheben und nirgends wird sie ihn zu fesseln vermögen.

Meine Liebe in euch, das ist Meine Kraft in euch. Und diese Kraft wird gelöst zu immer stärkerem und hellerem Wirken durch das Vertrauen, das ihr dieser Kraft entgegenbringt. Das Vertrauen zu Meiner Liebeskraft in euch weckt diese Kraft erst zu rechtem

Leben. Und dieses geweckte Leben wird in euch zu wirken beginnen und euch umbauen zu neuen Menschen. Und diese neuen lebendigen Menschen, gezeugt aus Meiner Liebeskraft, werden auch ihre Außenwelt zu meistern verstehen und sie gestalten nach Meinem Wunsch und Willen. Denn Mein Wille ist in ihnen lebendig, und aus diesem Meinem Willen wirken sie alles.

Sehet, das ist die Bestimmung der Menschheit, daß Mein Liebewille in ihnen mächtig wird und Meine Kraft in aller Freiheit aus ihnen wirkt. Dieses aber läßt sich nur erreichen in aller Freiheit Mir gegenüber. Und darum ist hier das Vertrauen auch so wichtig. Denn es steht euch vollkommen frei, Mir voll und ganz zu vertrauen oder auch nicht. Nichts, weder äußerer noch innerer Zwang, darf euch da binden und fesseln. Ganz frei müßt ihr das vollste Vertrauen zu eurer Liebe finden, und dann aus dieser Liebe, die Mein Wesen in euch ist, wirken und handeln.

Heute, in der Zeit, da die alte, in Lüge und Nacht versunkene Menschheit ihrer Selbstvernichtung entgegengeht, aber auch einer Zeit, in der ein neues geistiges Geschlecht heranwachsen soll, in dem Mein Liebewille allezeit vollwach und lebendig ist, in dieser Zeit Meiner Wiederkehr im Geiste und in der Liebe, in dieser großen Wendezeit, da alle Lüge durch die Wahrheit geschlagen werden soll, da ist das Vertrauen zu Mir bei Meinen Kindern das Allerwichtigste.

Nicht Wundertaten sollen heute mehr das Vertrauen zu Mir stärken. Nein, heute, in der Zeit der geistigen Reife der Menschheit, muß sich ein jedes Herz in sich entscheiden – für Mich oder wider Mich. Und eine jede

Seele muß das Vertrauen zu Mir frei und ohne leisesten Zwang finden.

Wo so das Vertrauen wächst und reift und durch das Vertrauen die Kraft Meiner Liebe in euch tätig wird, da wird diese Meine Liebeskraft in euch diese Welt, diese trübe Zeit überwinden und allen Höllenmächten zum Trotz Sieger sein.

Und aus diesen Siegern, aus diesen Festvertrauenden und Licht- und Liebevollen, wird das neue geistige Menschengeschlecht hervorgehen, klar und geläutert. Und es wird keine Lüge mehr in ihm sein. Denn Mein Bild wird in allen leben und Mein Wille in allen tätig sein. Die sündige, geistig und körperlich verkommene und ganz verblendete alte Menschheit aber wird zugrunde gehen in dem Gericht, das sie sich selbst schon lange geschaffen hat. Meinen auserwählten licht- und liebevollen Kindern aber, die selbst in größter Not nicht wankend wurden im Vertrauen zu Mir, denen wird nichts geschehen können, denn sie werden durch ihr Vertrauen zu Mir in Meiner ganzen, ungeminderten Kraft stehen. Und so kann keine Gefahr sie umdunkeln noch vernichten.

Darum, liebe Kinder, haltet euch fest vertrauend an Mich! Und solltet ihr auch nicht berufen sein, die Träger des neuen Lebens der Erde zu werden, so wird euch doch euer Vertrauen im Geistigen vorwärtstragen und ihr werdet wachsen und wirken, wenn nicht auf der Erde, so doch in Meinem geistigen Reich, allwo es auch Arbeit in Fülle gibt.

Höret Meine Stimme und werdet aus dem Vertrauen zu Mir stark und fest in Leid und Gefahr! Überwindet die Welt, so wird sie euch gehorchen müssen!

Fasset es wohl und verstehet Mich im Lichte, der Ich die Kraft bin, der auch in euch alles gehorcht, wenn ihr den Glauben an sie habt! – Ich, das Ewige Wort, sage es euch! Amen, Amen.

Bauet im Licht

Bauet im Licht, ihr Kinder, bauet die Hallen eurer Seelen groß und lichtgeweitet! Laßt Mein Licht herrschen in euch und baut nicht in der Finsternis eure Seelen aus!

Mein Licht heißt Liebe – und aus dieser ewigen Licht- und Lebenskraft wirke und gestalte Ich von Ewigkeiten her zu Ewigkeiten hin. Nie wird Mein Wirken ein Ende nehmen, immerfort wird Meine Lichtkraft gestalten und bauen aus Licht zum Lichte. Aus Meinem Liebelicht ist alles hervorgegangen und geht immerzu alles hervor, nimmt seinen Weg aus den Höhen in die Tiefen, geht durch Finsternisse und Wirrnisse und kehrt doch zuletzt klar und gelöst, lichtreich und liebeschwer dahin zurück, von woher es kam, nämlich zu Mir.

Sehet, ihr Lieben, diesen Weg seid ihr nun mehr oder weniger alle gegangen. Auch ihr habt nach vielen Wegen, aus höchsten Höhen, durch tiefste Tiefen, zurück zur höchsten Höhe, zu Mir, gefunden, von da ihr einst ausgegangen seid. Ja, diesen für eure Begriffe endlosen Weg habt ihr nun schon unter Meiner Führung zurückgelegt und stehet nun am Ziel – vor Mir, eurem Jesus, in dem das ewige Liebelicht allezeit gegenwärtig ist.

Nun stehet ihr da, habt Mich als euer Leben, als euren Daseinsgrund erkannt und habt auch erkannt, daß Ich in euch bin, daß Ich das Licht und Leben eurer Seelen bin.

Seht, liebe Kinder, nun heißt es für euch, dieses wiedergefundene Licht in aller Freiheit zu ergreifen und daraus eure Seelen zu gestalten, damit sie immer reicher, heller und weiter in diesem Lichte werden.

Jetzt heißt es bauen in diesem lebendigen Licht, ihr Kinder! Aus diesem Meinem ewig jungen Licht sollt ihr euch ganz neu gestalten. Leben und Freude soll durch eure Seelen klingen und sie durchdringen und durchjubeln und dann hinausklingen, fort und fort gebärend Fülle über Fülle.

Sehet, all Meine Fülle soll in euch lebendig werden und aus euch hinausleuchten weit in alle Welt, weit in alle Meine Schöpfung hinein!

So seid ihr Meine Freude! Denn so erst seid ihr wahrhaft Meine Kinder, die lebendig von der Herrlichkeit ihres Vaters zeugen. Das ist Mein wahres Reich der Liebe, welches in Meinen freien Kindern lebendig wird und aus ihnen hinausstrahlt reich und segenspendend.

So bauet denn in Mir, in Meinem Lichte euer Seelenreich. Baut es frei und froh und groß und weit, und laßt alles Kleinliche und allen Weltstaub von euch fallen. Ja baut euch in Mir eine neue Welt, in der Ich leuchte und in der Ich mit euch wandle allezeit und auf allen Wegen als euer lichtvoller Vater Jesus.

Golgatha

Golgatha, das ist der Grund zu einem neuen Leben, der Grundstein einer neuen Schöpfung. Golgatha, das ist der Sieg der reinsten Gottesliebe über den tiefsten Höllenhaß, die Besiegelung des höchsten Lichtes in tiefster Finsternis. Golgatha, das ist mehr, als je ein Mensch erahnen kann.

Immer wieder wird sich der Blick aller Geisterwelt nach Golgatha hinwenden, um dort in tiefster Erniedrigung, erbärmlich hingerichtet am Kreuze der Welt, den höchsten Herrn aller Himmel, die Kraft, die alles lenkt und leitet, zu bewundern. – Hier hing Ich an den Balken, die Mir eine blinde, hochmütige und verdorbene Menschheit gezimmert hatte, an die Mich Meine eigenen sogenannten Diener, die Priester und Pharisäer, festnagelten, in dem Wahne, Mich so völlig vernichtet zu haben.

Sehet, wie tot waren diese Weltmenschen doch und wie fern allem Geisteslicht! Mich, das einzig und ewig wahrste Leben wollten sie töten, ohne dabei zu ahnen, daß sie Mir gerade durch diese Kreuzigung zu einem Sieg verhalfen, wie er in alle Ewigkeiten nicht war und nicht sein wird. Die Finsternis wollte mit dem Tod Meines Leibes zugleich Mein Licht für immerdar verlöschen, ohne zu erkennen, daß sie sich selbst damit den härtesten Stoß versetzte und den Grundstein legte zu ihrer vollkommenen Überwindung.

Ja, Golgatha, das ist der Sieg über alle Welt. Und dieser Sieg bin Ich, die Liebe!

Ich, die reinste und heiligste Kraft, das ewige Licht, die Freude der Himmel, ging diesen finstersten Weg durch all den Unrat der Hölle bis zur tiefsten Schande vor der Welt, bis zum Kreuze.

Sehet, diesen Weg ging Ich, euer heiliger Vater! Bis in die tiefste Tiefe eures Weltsumpfes hinab trug Ich sanftmütig Mein Liebelicht. Still und geduldig trug Ich es unter der schweren Last des Kreuzes, unter der schweren Last all eurer Sünden – bis nach Golgatha. Dort schlug man Mich – das Licht – an das Kreuz, welches Mir die Menschheit aus ihren Sünden gebaut hatte. Und hier siegte Ich über alle Sünde und legte hier, auf Golgatha, fest und unerschütterlich den Grundstein für eine neue Schöpfung, die nicht wie bisher aus dem Geistigen ins Materielle überging, sondern die aus der Materie klar und geläutert in das reinste, geistige Leben übergehen sollte. Hier in tiefster Tiefe, in der härtesten Gefangenschaft allen geistigen Lebens, schuf Ich den Grund zu höchster Höhe: zu einem allerfreiesten Sein in Mir.

Und von Golgatha geht nun der Sieg aus und verbreitet sich über die ganze Erde, über alle Sonnen und Welten und Globen. Und weiter und weiter ergreift er den ganzen, gewaltigen Schöpfungsmenschen und löst aus ihm alles Gefangene zu einem freien und wahren Leben in Meinem Lichte!

So geht dieser Sieg weiter und wird fortsiegen in alle Ewigkeit! Und aus allen Meinen Kindern wird dieser Sieg leuchten und strahlen und Mir ewig Meine herrlichste Freude sein.

Ja, Meine Kinder, die dieses helle Licht von Golgatha ergreifen, die Mich, den Sieger, in sich aufnehmen, die werden auch Meinen Sieg in ihrer Seele tragen. Seht, das Kreuz ist die Welt in ihrer Sünde, und an dieses harte Kreuz sind auch alle Meine Kinder gefestet. Alle leiden sie gleich Mir unter diesem gewaltigen Kreuze, und schwer drückt es oft ihre schwachen Schultern.

Aber Ich, der Sieger auf Golgatha, lebe in ihnen. Ich trage allen Meinen Kindern das Kreuz und siege in ihnen am Kreuze.

Sehet, so siege Ich in allem! In jeder Seele, die Mich aufnimmt, stehe Ich von neuem als Sieger auf und entreiße so Seele um Seele der Finsternis. Ja, in allen Meinen Kindern wächst Mein Sieg empor, ganz ungeteilt. Und ein jedes wird den gleichen großen Gewinn empfangen und in sich tragen alle Wonnen der Himmel.

Wahrlich, Ich sage es euch: Die da den Sieger auf Golgatha in sich tragen, die werden auch mit diesem Sieger auferstehen und frei und überreich sein, lebend in Ewigkeit! – Sehet, so wächst der Sieg Meiner Liebe auf Golgatha gewaltig heran! Mein Licht leuchtet hell und klar vom Schandpfahl der Welt, breitet sich aus und durchstrahlt alle Finsternis. Und all die Kranken und Schwachen gesunden in diesem Licht und die Toten beginnen zu leben.

Ja, die Welt, die Mich so fest an ihre Balken nagelte, muß es sich nun schon gefallen lassen, daß Ich sie von eben diesem Balken aus besiege und so das Mal ihrer größten Schande in ein Zeichen der höchsten Ehre und des größten himmlischen Ruhmes verwandle. Ja, vom Kreuze herab strahlt Mein Sieg und durchleuchtet in ewiger Herrlichkeit alle Meine Räume und Weiten. Und alle, die zu Mir kommen und Mich in Meiner

Liebe aufnehmen, die werden diesen Sieg auch in sich tragen, und nichts wird ihnen den großen Gewinn streitig machen können.

Kommet ihr Seelen, kommet ihr Kinder und ergreifet Mich, den Sieger am Kreuze, mit all eurer Demut und Liebe und macht euch teilhaftig Meines großen Sieges, auf daß ihr dann mit Mir als Meine Kinder alles, was göttliches Leben hat, lenken und leiten könnet in Meinem weiten Schöpfungsreich, auf daß dieser Mein Sieg immer weiter und immer tiefer alle Meine Schöpfung ergreife und sie immer mehr erlöse!

Ja, siegen sollt ihr durch Mich, die Liebe, und durch Mich Sieger sein jetzt und ewiglich! Amen.

*

Aus vielen Händen wächst das große Werk
und alle bauen sie mit vielen Freuden,
daß einst aus all den tausend Leiden
man still das Leuchten Deiner Liebe merk.

Es packt der Eifer all die hellen Herzen,
daß sie Dein Bild auch künden hoch und hehr,
damit es leuchte mehr und mehr
tief durch der Tiefe Schmerzen.

Wir tragen Dich, Du hehrstes Menschenbild,
Dich Heiland tragen wir in alle Not.
Und segnend brichst Du aller Armen Brot,
und Gnade tief aus allen Hütten quillt.

Ostern

Halleluja, Er ist auferstanden,
Er, der Heiland, unser Herr und Gott!
Er durchbrach der Hölle harte Banden
und erstand im Licht aus Nacht und Tod.

Halleluja, wie das klingt und hallet!
Es erblüht und grünt ein jedes Herz,
das da, voll von neuen Klängen, wallet
himmelwärts, nur himmelwärts.

Halleluja, wie Sein Tag sich hebet
hell und strahlend aus der Nacht!
Seht die Liebe, seht – sie lebet,
und die ganze Welt erwacht!

Halleluja, Herr und Vater,
Jesus, heil'ge Liebe Du,
Preis, Anbetung, Ruhm und Ehre
Dir, Du strahlendhelle Ruh!

Halleluja, Preis und Ehre,
Dir, Du Sieger in der Nacht!
Unsre Liebe, Lob und Lieder
seien Dir, nur Dir gebracht!

Halleluja, halleluja! Ja, so singen Meine Kinder schon hier auf eurer Erde, und so singt und klingt es fort und fort durch alle Meine Himmel. Halleluja, so singt ein jedes Herz, welches mit Mir im Lichte neu erstanden ist.

Auferstehung! – Ja, was wäre wohl, wenn Ich nicht auferstanden wäre?! Was wäre Mein Sieg auf Golgatha ohne Meine Auferstehung? – Da hätte die Hölle triumphiert, und keiner hätte sie mehr in ihre Grenzen zu dämmen vermocht. Hohnlachend hätte Satan sich und sein böses Reich ausgebreitet über alle Meine Schöpfung und so immer mehr alles, was Meine Liebe erbaut hat, zerrissen und vernichtet. Ja, das wäre der Sieg der Hölle gewesen, die Vernichtung und Verhärtung allen Lebens und Werdens! Und der Tod hätte weit im Weltenall seine Einkehr gehalten.

So aber ist durch den Sieg auf Golgatha der Nacht in ihrer tiefsten Tiefe ein Damm gesetzt worden, und diesen Damm wird sie in alle Ewigkeiten hinein nicht mehr zu überwinden vermögen. Durch Meine Auferstehung ist dieser Sieg erst vollends besiegelt. Dadurch, daß Ich wieder aus Meinem demütigen Fleischesleben und aus tiefster Hölle zurückkehrte in Meine Urmachtmitte und das Fleisch, das Ich auf Erden trug, voll und ganz vergeistigt mitnahm, habe Ich den Sieg über alle Materie erst recht vollendet.

Ja dieser vollkommene Sieg bin Ich, euer Jesus. Alles in Mir ist Sieg, und kein Tod ist an Mir. Ich bin der Sieg der Liebe über Nacht und Tod. Und weil Ich der Sieg bin, darum muß Mir alle Nacht gehorchen.

Ja, Auferstehung! – Auferstehen sollet ihr alle, Meine Kinder! Aus dem Geiste Gottes seid ihr geworden und zu Ihm sollt ihr mit allem, was an euch ist, zurückkehren, frei und überwindend, als Seine siegenden Kinder!

Nehmet Mich, die Liebe, auf, so werdet ihr den Sieg in euch tragen. Und dieser Mein Sieg wird sich in euch entfalten, euch mehr und mehr durchdringen, das Kreuz und den Tod eurer Sünden überwinden und euch auferstehen lassen, klar und geläutert, zu ewigem Leben.

Sehet, auferstehen soll ja alles Leben, das durch die Sünde so tief in die Materie gebannt ist. Darum kam ja Ich, die Liebe Selbst, zu euch, um aufzuerstehen aus all dem Tode – nicht nur für Mich allein, nicht nur in Mir, Jesus, sondern für alle und in allen Seelen, die Mich aufnehmen! Darum zog Ich das Kleid der Sünde an, um so die Sünde voll und ganz zu überwinden. Auferstehen will Ich in allem. Alles will Ich verklären mit Meinem Licht. Alle Meine Kinder will Ich durchdringen mit Meiner Liebe. Und sie sollen leuchten aus Mir!

Ja auferstehen will Ich immerzu in allen, die Mich aufnehmen! Denn Ich bin die Auferstehung und das Leben, Ich, die Liebe.

Schon wächst Mein Sieg heran, und reich und vielfältig leuchtet Mir Meine Auferstehung schon aus unzähligen Kindern entgegen. Und wenn es auch auf eurer Erde noch dunkel und trübe scheint, so zaget ob dieser Grabesnacht nicht! Denn Ich sage euch wie einst den Pharisäern: »In drei Tagen will Ich diesen Tempel neu erbauen!« – das heißt: Nicht lange werde Ich brauchen und Ich werde aus diesem Grabe, in welches Mich eine blinde und tote Menschheit getragen hat, auferstehen, und Mein Tempel wird größer und herrlicher sein als Meine ganze bisherige Schöpfung.

Denn Meinen neuen Tempel will Ich Mir bauen aus allen Meinen Kindern. Und er soll groß und größer werden und seine Hallen weiter und weiter, und er soll wachsen immerzu in alle Ewigkeiten. Und seine Tiefen werden unergründbar sein und seine Höhen unermeßlich und seine Fernen wird keiner zu begreifen vermögen.

Und aus seinen Zinnen soll die Freude jubeln und aus seinen Fenstern die Weisheit leuchten. Und seine Tore werden die demütigen Herzen sein. Und Ich, die Liebe, werde in ihm wohnen, und Mein Licht soll warm und reich von den Wänden widerstrahlen. Und all Mein Glück und Meine Seligkeit soll in ihm sein, denn Ich werde alles in diesem Tempel sein – Ich, die Liebe.

So will Ich auferstehen in all Meiner Herrlichkeit, die in Mir ist. Und keiner wird Mich mehr fassen können und binden an den Tod und an tote Gebärden. Nein, Ich will leuchten in Meinem tiefsten Licht, und all Meine Herrlichkeit soll offenbar werden in allen Meinen Kindern. Und Mein Licht wird leuchten in ihnen und all Mein Glück in ihnen sein.

Öffne dich, Welt, Meinem Licht, auf daß du nicht verloren gehest in deiner Nacht! Denn Ich bin mehr, als du es dir je in deiner Blindheit hast träumen lassen. – Kommet, ihr Seelen, und lauschet den Worten des Geistes und wachet auf in Meinem neuen Reich, das Ich Mir aus Meiner Liebe erbaue und in welchem Meine Liebe regiert.

Erwachet aus den Gräbern und erstehet im Lichte und achtet wohl der Herrlichkeiten, die Ich euch bereitet habe – Ich, das ewige Wort, Ich, Jesus Christus. Amen, Amen, Amen.

Des Vaters Ruf

Ich bin ganz unergründbar tief,
Ich bin die Kraft, die niemals schlief,
die wirkend ist vom Grunde her
und gar gewaltig reich und schwer.

Ich blühe herrlich in allem Sein,
in Blume und Falter am Wiesenrain.
Im Weltenklingen, im Engelssingen,
da wogt Mein Leben. – Kommt, laßt es euch geben!
Laßt euch für ewig bis auf den Grund
durchdringen!

*

O Herr, verzeih, daß ich Dich übersehen,
die Schale fand und Dich, den Grund, vergaß,
nicht sah Dein keimhaft göttliches Geschehen
in fremdem Antlitz und in fremdem Maß.

Nicht sah Dein Wirken in des andern Stunde,
nicht fand Dein Lied im lallenden Beginn,
nicht sah Dein Tun im dämmerigen Grunde,
nicht Deines Wachsens heilig-tiefen Sinn.

O Herr, verzeih, daß ich Dich oft verschmähte,
in armer Hülle nicht Dein Bild erkannt,
nicht sah, wie Deine Hand hier grub und säte
auf dürrem Acker und in kargem Land.

Dir ist der ärgste Grund nicht solche Last,
daß Du Dich nicht hineingestreut mit Freuden
und wartest, daß aus Dunkel und aus Leiden
ein erstes Keimen zagend Dich erfaßt.

Ist doch nicht einer, der die Saat nicht trägt,
nicht eine, die Dein Keimen nicht empfing,
Du bist hinaus in alle Nacht gesät,
in alle Erden dürftig und gering.

In allen wachsen Deine Wunder groß,
das fernste Nein muß noch Dein Ja gebären,
es pocht Dein Keimen tief in jedem Schoß,
Dein Lieben sprießt aus Nacht und Tod der Erden.

O Herr, vergib mir meine Dürftigkeit,
daß ich Dein Eigentum nicht hab erkannt,
O öffne mich, mach meine Liebe weit,
daß sie erfasse Deinen Grund, Dein Land.

Daß sie erfasse Deines Keimes Kraft
in jedem Bruder – und in dunkler Stunde
Dein Antlitz leuchten sehe durch die Zeit
und hör Dein Lied aus jedem neuen Munde.

Nachwort

Die unter dem Titel »Vom inneren Leben« jetzt in 3. Auflage erscheinenden »Worte der Ewigen Liebe« durfte der Bildhauer Johannes Fischedick (1908–1984) in sehr jungen Jahren empfangen. Es sind Worte von einer Tiefe der göttlichen Liebe und Weisheit, wie sie nur ein in der Liebe Gottes ruhendes Herz vernehmen kann.

Johannes Fischedick studierte zunächst Innenarchitektur, folgte dann aber seinem inneren Drang und wurde Bildhauer – ein begnadeter Künstler.

In den zwanziger Jahren gehörte er einem Freundeskreis an, der sich mit den damals aufkommenden Reformideen wie Vegetarismus, Siedeln usw. beschäftigte. Durch einen dieser Freunde lernte er die Offenbarungen des Herrn an Jakob Lorber kennen. Er selbst sagt darüber: »... Ich wurde auf die wunderbaren Werke des Sehers Jakob Lorber hingeführt und fand darin soviel Herrlichkeit, Klarheit und Wahrheit, daß ich vor Freude immer wieder hell aufjauchzte. Hier fand ich alles im hellsten Licht, was ich in meinem Leben je gesucht und dunkel geahnt hatte.« Seine Begeisterung ergriff auch die andern und bald lasen sie gemeinsam und regelmäßig in den Offenbarungsschriften.

Seine lyrische Begabung begann sich dabei immer reicher zu entfalten. »Ich suchte immer mehr die Ruhe, um besser empfangen zu können. Liebe, sang es da, Liebe und Liebe und Freude! Viele Gedichte wurden mir geschenkt und mit der Zeit auch tiefe Belehrungen, Gleichnisse und Ermahnungen... Immer stärker wurde unsere Liebe zum Vater.«

Nach vollendetem 24. Lebensjahr hörte er zum ersten Mal die Innere Stimme in seinem Herzen sprechen. In der ersten Auflage der von ihm empfangenen Worte der Ewigen Liebe sagt er darüber: »Im März 1932 vernahm ich zum ersten Mal diesen leisen Klang im Herzen. Morgens nach dem Erwachen hörte ich es, leise aber durchdringend. Ich konnte es nicht glauben, wollte es ändern, das ›Ich‹ der Rede in ein ›Du‹ wandeln oder unterdrücken – aber es ging nicht. Die Stimme setzte aus. Ich wollte lesen, es ging nicht, es drängte mich mächtig zum Schreiben. Schließlich nahm ich wieder die Feder. Dabei wurde ich ganz ruhig. Und ich schrieb dann in aller Ruhe auf, was mir die Stimme sagte... Seitdem tönt diese milde und liebreiche Stimme in stillen Stunden immer wieder in mir und weckt in mir und in uns allen Liebe, Freude und Hoffnung und Sehnsucht und eine rechte Kindlichkeit.

Wir sind nichts, aber Jesus ist uns alles! Und da Er in Seiner übergroßen Liebe sich herabließ, euch durch mich schwaches Kindlein etwas von Seiner Herrlichkeit zu verkünden, so freuet euch mit mir in Ihm und liebt nur Ihn!...«

Die große Bescheidenheit und Demut, die schon den jungen Johannes Fischedick auszeichnete, blieben ihm auch später eigen, als er ein anerkannter Künstler war, so daß auch das Innere Wort nie in ihm versiegte. »Über allen Wundern bist Du – Gespräche in der Kammer« und »Banjalita«, um nur zwei seiner späteren Aufzeichnungen zu nennen, sind Zeugnisse einer tiefinneren Frömmigkeit und einer reifen Geistigkeit, wie sie den christlichen Mystiker kennzeichnen. Was er niederschrieb, wurde zur fruchtschweren Saat der Liebe.

Inhalt